PAIDÓS EMPRESA

LA CANCIÓN
DEL LÍDER

SETH GODIN

LA CANCIÓN DEL LÍDER

PAIDÓS EMPRESA

Título original: *The Song of Significance: A New Manifesto for Teams*

© 2023 por Seth Godin

Traducido por: María Maestro
Diseño de interiores: David Israel Guzmán Ronquillo
Créditos de portada: © Brian Lemus
Ilustración de portada: © IADA / Shutterstock
Fotografía del autor: © C Jill Greenberg

© 2024, Ediciones Culturales Paidós, S.A. de C.V.
Bajo el sello editorial PAIDÓS M.R.
Avenida Presidente Masarik núm. 111,
Piso 2, Polanco V Sección, Miguel Hidalgo
C.P. 11560, Ciudad de México
www.planetadelibros.com.mx
www.paidos.com.mx

Primera edición impresa en México: marzo de 2024
ISBN: 978-607-569-674-4

Impreso en los talleres de Litográfica Ingramex, S.A. de C.V.
Centeno núm. 162-1, colonia Granjas Esmeralda, Ciudad de México
Impreso y hecho en México – *Printed and made in Mexico*

*Cuando bailas al borde del infinito,
siempre hay suficiente…
porque no le estás quitando oportunidades
a nadie, las estás creando.*

Índice

Introducción

1. No hace falta que te lo diga

Si has prestado un mínimo de atención, lo sabes: las cosas no van bien en el trabajo. Si eres jefe, es probable que te sientas frustrado, confundido y bajo mucha presión, te enfrentas a oportunidades perdidas y promesas rotas. Si trabajas para alguien, supongo que sientes algo parecido. Sin embargo, el problema somos nosotros.

Las causas son esas decisiones inconscientes que tomamos años atrás, el adoctrinamiento que nos imponemos unos a otros y nuestra terrible tendencia a redoblar las apuestas cuando las cosas se ponen cuesta arriba. Cada vez somos mejores en hacerlo peor.

Este breve libro explora una bifurcación en el camino: una decisión que, tarde o temprano, todos debemos tomar. Cada uno de nosotros puede involucrarse a su modo, pero la elección es la misma: liderar, generar trabajo significativo y encontrar la magia que aflora cuando, por fortuna, colaboramos en la creación de un proyecto importante con personas conscientes de su relevancia.

Es posible hacer las cosas bien y mejorarlas al mismo tiempo —en realidad, esa es la única forma útil de avanzar—. Podemos crear el mejor trabajo que alguien haya tenido jamás, la mejor experiencia que un cliente pueda imaginar, y construir organizaciones que sean regenerativas, resilientes y poderosas.

Hemos convivido tanto tiempo con la rutina que es fácil pensar que nos atrapa; sin embargo, hay algo mejor a nuestro alcance.

2. Podemos hacerlo mejor

Defraudamos a nuestros empleados y a nuestros jefes; a su vez, ellos nos defraudan. Necesitan más de nosotros y nosotros necesitamos más de nuestro empleo.

Asistimos al trabajo con sueños, energía y ganas, pero salimos cada día más exhaustos. Aportamos confianza y entusiasmo, pero parecen no servir de nada.

Nuestro equipo puede desempeñarse mejor. Nuestro esfuerzo puede valer la pena.

Si queremos trabajar mejor, debemos entender en qué medida es posible hacerlo. Seamos realistas. **Liderar es una opción.**

3. El mejor trabajo que has tenido

¿Cómo sería el día de hoy si, con honestidad, pudieras describir tu trabajo de esa manera? ¿Y si todos tus compañeros sintieran lo mismo? Imagina ser un inversor, un cliente, un participante de una organización así.

Pedí a diez mil personas de noventa países que describieran las condiciones del mejor trabajo que habían tenido; las características que se muestran en la gráfica son las que eligieron con más frecuencia.

Los encuestados podían elegir más de una respuesta. Cuatro puntos principales se impusieron por abrumadora mayoría:

1. Me sorprendí a mí mismo con lo que podía lograr.
2. Pude trabajar de forma independiente.
3. El equipo construyó un proyecto importante.
4. La gente me trataba con respeto.

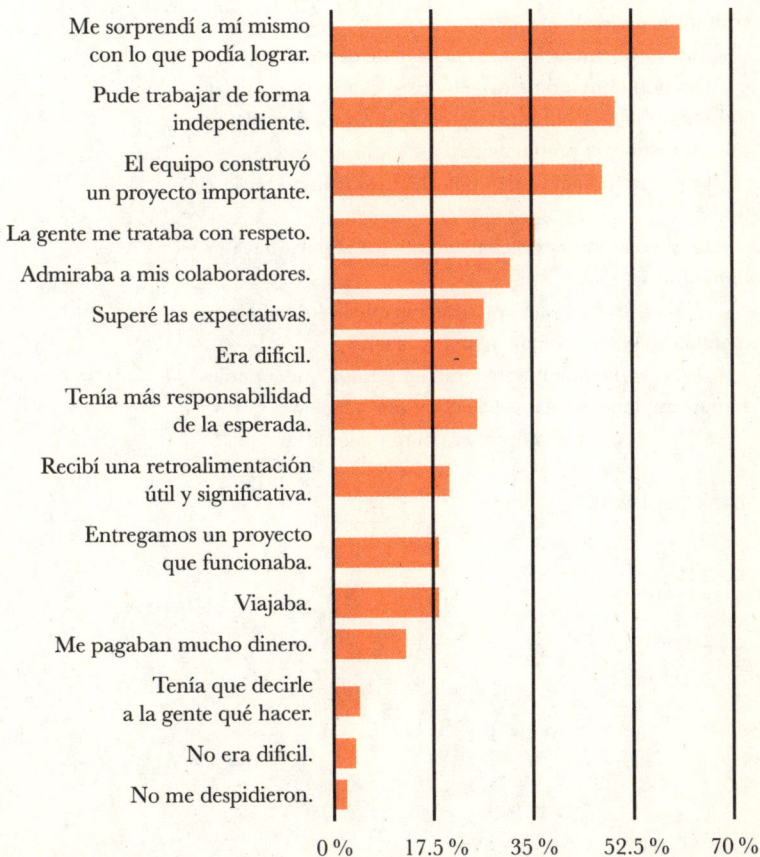

Afirmación	Porcentaje
Me sorprendí a mí mismo con lo que podía lograr.	
Pude trabajar de forma independiente.	
El equipo construyó un proyecto importante.	
La gente me trataba con respeto.	
Admiraba a mis colaboradores.	
Superé las expectativas.	
Era difícil.	
Tenía más responsabilidad de la esperada.	
Recibí una retroalimentación útil y significativa.	
Entregamos un proyecto que funcionaba.	
Viajaba.	
Me pagaban mucho dinero.	
Tenía que decirle a la gente qué hacer.	
No era difícil.	
No me despidieron.	

0 % 17.5 % 35 % 52.5 % 70 %

No hay nada comparable.

Sí, tenemos que ganarnos la vida, pero ¿cómo construimos una vida?

Tal vez no sea una mera cuestión de dinero.

Cuando el mundo entra en crisis, cuando nuestra salud se tambalea y el futuro se prevé sombrío, es probable que el sueldo y la productividad no sean suficientes.

Quizá no podamos gestionar nuestro camino hacia el futuro.

¿Y si creáramos el mejor trabajo que alguien haya tenido nunca?

¿Y si creáramos una organización que los trabajadores extrañaran genuinamente al marcharse?

¿En qué medida nuestro trabajo sería mejor si pudiéramos simplemente hablar de él sin titubear?

¿Y si nuestro trabajo sirviera para mejorar las cosas?

Mozart, no Muzak. *

---

*   Muzak es una marca estadounidense de música ambiental creada en 1934. También se le conoce popularmente como «música de elevador» (*n. de la ed.*).

Tres cantos

———

Si no te estás ahogando,
eres el salvavidas.

4. El canto del crecimiento

Al final de un largo invierno, si el clima es propicio y las flores se abren, una colmena de abejas melíferas se pone en marcha.

En un trabajo sincronizado, cada abeja se esfuerza por recolectar la mayor cantidad de polen posible y ayuda a incrementar el suministro de miel en la colmena.

A continuación, el consejo de la reina construye un nido especial y las doncellas instruyen a su reina para que ponga en él un huevo fecundado al que alimentan abundantemente con jalea real, lo que permite que se desarrolle hasta convertirse en una nueva reina.

Entonces el escenario está preparado para el canto del crecimiento. La autora y apicultora Jacqueline Freeman escribe sobre este momento mágico: una transición que a menudo se pasa por alto en la vida de la colmena.

Un día, cuando la nueva reina está a punto de nacer, la reina existente, junto con cerca de la mitad de las abejas de la colmena —las obreras más viejas y experimentadas— forman un enjambre y se marchan. En pocos minutos, decenas de miles de abejas vuelan coordinadas sin necesidad de un líder. Dejan atrás su hogar, lleno de alimento, para dar paso a una nueva reina y a una colonia más pequeña y joven.

El zumbido que emite el enjambre de abejas es emocionante. Todas buscan posibilidades y crecimiento, sin saber exactamente hacia dónde se dirigen. Encuentran la rama de un árbol a unos cientos de metros de distancia y se agrupan para conservar el calor. A partir de ahí, envían rápidamente grupos de exploración, que cubren hasta ochenta kilómetros cuadrados, para hallar un nuevo lugar donde construir una colmena. El enjambre tiene apenas unos días para encontrar y habitar un nuevo hogar o perecer.

Qué audaz salto hacia la posibilidad. Estas abejas aceptan el reto de ir de acá para allá sin un mapa exacto, y de hacerlo con cooperación, dignidad y conexión.

Sin el canto del crecimiento, la colmena se ahoga y se desvanece. Y en este preciso instante, muchos de nosotros estamos viviendo una experiencia similar.

5. El canto de la seguridad

Las personas no somos abejas, pero tenemos muchas cosas en común con ellas. Cuando nos enfrentamos a una amenaza a nuestra supervivencia, avanzar nos parece difícil, nos cuesta crear, y ser generosos se convierte en todo un reto.

De forma similar a los humanos, las abejas deben mantener la temperatura de la colmena en torno a los 36.6 grados. Si afuera hace frío, se agrupan y baten las alas para generar una vibración que eleva la temperatura. Cuando hace demasiado calor, se separan para que circule el aire. Sin embargo, fuera de la seguridad de su enjambre, las abejas expuestas a temperaturas extremas entran en un estado de fatiga y se vuelven estáticas e insensibles.

En nuestra cultura sucede algo parecido. La recesión mundial y la pandemia deprimieron la innovación y la conexión. La gente se refugió en sus casas y apenas tenía fuerzas para avanzar.

En el trabajo prevalece ese mismo instinto. Cuando la gente se siente poco respetada, invisible o insegura, puede bajar la cortina y limitarse a hacer lo mínimo indispensable para conservar su puesto de trabajo, al menos hasta que aparezca otro mejor.

El agotamiento, la insatisfacción y el desfile banal de juntas inútiles conspiran para ahogar la productividad y hacer que el trabajo sea menos atractivo. Se nos empuja a buscar la seguridad, no el crecimiento.

Hasta que no cubramos nuestras necesidades vitales básicas, será difícil hacer el trabajo emocional que requieren el progreso y la posibilidad.

6. El canto de la trascendencia

¿Cómo superar nuestro paralizante deseo de seguridad?

Hemos sido adoctrinados para abrazar la lealtad hacia nuestra empresa y para que nuestro principal trabajo sea hacer lo que nos dicen. Hemos construido sistemas descomunales diseñados para producir bienes y servicios más allá de lo imaginable, al tiempo que promocionamos dosis ingentes de insuficiencia y envidia para venderlos.

«Renuncia a tus sueños y a tu alma y podrás comprar ciertas cosas que te darán estatus y satisfacción… o que al menos te permitirán olvidar aquello a lo que renunciaste», nos prometemos.

Aunque esa promesa pudo haber funcionado bien hace medio siglo, hoy suena hueca. Hay una alternativa: es un tipo diferente de crecimiento, un tipo mejor de seguridad.

Lo importante es el trabajo. Es marcar la diferencia, formar parte de algo y hacer un trabajo del que nos sintamos orgullosos.

Esta es la canción del líder. Esto es lo que motiva a la gente a hacer el trabajo que no puede automatizarse, mecanizarse o subcontratarse. Este es el canto que los humanos anhelan cantar juntos.

Hacia la trascendencia

*Un trabajo importante creado
por personas a las que les importa*

7. ¿Qué quiere la gente?

Una vez satisfechas sus necesidades vitales básicas, los trabajadores tienen muy claro lo que quieren de su empleo. No se trata de obtener más opciones sobre acciones ni un mejor despacho. Es algo mucho más importante: quieren capacidad de agencia y dignidad.

La capacidad de agencia nos proporciona control sobre nuestro tiempo y nos anima a elegir el tipo de contribución que estamos dispuestos a hacer. Dado que requiere responsabilidad y cierta autoridad, es la antítesis del trabajo industrial a destajo.

La dignidad emana de la capacidad de agencia y nos permite ser tratados como seres humanos y no como engranajes. Implica que se nos respete por nuestro trabajo y se nos trate con tanta amabilidad como la situación lo permita.

El régimen industrial, magnificado por las omnipresentes ideas de la lucha de clases, nos ha despojado a la mayoría tanto de la capacidad de agencia como de la dignidad.

8. ¿Qué necesitan las empresas?

John Henry trabajaba en el ferrocarril haciendo agujeros a las rocas para detonarlas y abrir paso a los trenes.

Según Neal Miller: «Cuando el agente de la compañía de perforadoras de vapor introdujo la perforadora, John Henry quiso enfrentarse a ella. Se sentía orgulloso de su trabajo y odiaba ver cómo una máquina sustituía a hombres como él».

Henry ganó ese asalto (al menos en su canción), pero se dice que murió de agotamiento. Su pírrica victoria reflejaba una nueva realidad: a partir de entonces, el trabajo manual no rivalizaría con las máquinas fabricadas por los empresarios industriales.

A medida que avanzaba el desarrollo industrial, se alentaba a los trabajadores desplazados a ampliar su formación y ascender a puestos de trabajo que las máquinas aún no habían ocupado.

A partir de 2023, esos trabajos realizados por máquinas incluyen robots que trabajan en hoteles, algoritmos que realizan operaciones bursátiles y sistemas de aprendizaje automático que esbozan ilustraciones y leen radiografías.

Lo que las empresas necesitan ha cambiado de improviso. En lugar de mano de obra barata para realizar las tareas semiautomatizadas que las máquinas no pueden hacer —todavía—, las empresas buscan dos recursos aparentemente escasos: creatividad y humanidad.

Ambas habilidades implican tratar con otros seres humanos, crear estrategias y encontrar ideas en un mundo que evoluciona a gran velocidad.

9. Cuando veas una bifurcación en el camino...

... quizá deberías desviarte. Las opciones nunca han sido tan claras como ahora:

> **El capitalismo industrial (o industrialismo) busca utilizar el poder para generar beneficios. El capitalismo de mercado busca resolver problemas para obtener beneficios.**

El capitalismo industrial se construyó sobre la extraordinaria productividad de la era de las máquinas: primero, alimentar la máquina; después, convertir a todos —incluidos trabajadores y clientes— en máquinas, y, por último, ampliar la empresa. Este sistema evolucionó para incorporar los efectos de red y los monopolios naturales —o artificiales— a fin de ganar más poder. Luego, utilizó ese poder para controlar la acción del gobierno y obtener aún más poder.

Con el mismo sistema brutal, los jefes explotadores tratan a sus antiguos y actuales empleados, las grandes empresas de tecnología utilizan la vigilancia de forma inmoral y los trabajadores se enfrentan a condiciones laborales deplorables en fábricas de todo el mundo. El beneficio crea poder y el poder es el objetivo.

A menudo, los resultados negativos de ese poder se manifiestan lentamente, de forma gradual y con mucha antelación. Nos conformamos o transigimos, reajustamos nuestras normas y, en última instancia, aceptamos la corrosión de nuestra humanidad y la consiguiente pérdida de alegría que conlleva. Cuando vuelve a ocurrir, la imposibilidad de recuperar lo perdido cambia nuestra perspectiva y, puesto que ya nos conformamos una vez, nos sentimos tentados a conformarnos de nuevo. Pasamos gran parte de nuestra vida defendiendo decisiones pasadas en lugar de plantearnos nuevos caminos.

Mientras tanto, el capitalismo de mercado sigue creando valor y la mayoría de los empleos que existen en el mundo. Es el sempiterno trabajo de encontrar problemas y resolverlos. Los capitalistas de mercado no tienen poder sobre los clientes —ni siquiera sobre sus empleados en la mayoría de los casos. En cambio, trabajan para aportar esfuerzo y perspicacia a un mercado que cambia rápidamente al servicio de sus clientes.

La bifurcación está aquí y ahora. Quizá sea el momento de tomar conciencia y elegir un camino.

Juntos podemos hacer algo mejor. Algo en lo que valga la pena invertir nuestro tiempo, esfuerzo e imaginación.

10. McDonald's es seguro

Tu experiencia en McDonald's o en cualquier otra cadena de comida rápida siempre estará circunscrita a parámetros concretos, tanto si eres cliente como si eres empleado: la comida no varía de un restaurante a otro, los precios son bajos, los trabajadores pueden familiarizarse con su empleo en pocas horas y la mayoría de ellos no tiene que asumir mucha responsabilidad individual. Además, y sobre todo, es cómodo. Esa es la esencia del industrialismo productivo centrado en el consumidor: aportar comodidad.

Para ser justos, el capitalismo industrial funciona. Crea apalancamiento y productividad y luego ofrece los resultados esperados; todo ello, al tiempo que baja los precios y aumenta el acceso a bienes y servicios.

El mundo moderno no existiría sin el progreso facilitado por la industria y, para muchos, la seguridad que ofrecen estos trabajos es un salvavidas y una forma práctica de ganarse la vida.

Hay también una suerte de belleza brutal en el inexorable proceso de mecanización. Pertrechados con cronómetros, encuestas y calculadoras, podemos reorganizar diseños y procesos hasta encontrar la respuesta correcta. No hay duda: el producto es el producto, el servicio es el servicio, y todos los elementos aleatorios y emocionales propios de la humanidad no forman parte de la ecuación.

Sin embargo, el capitalismo industrial tardío es diferente. No sabe dónde detenerse. No solo captura a quienes buscan seguridad, sino que también encadena a los que buscan sentido.

11. El reto de tenerlo todo

Durante mucho tiempo, ha habido espacio para todo: para la seguridad y la certidumbre de los procesos industriales, combinadas con la humanidad y la posibilidad de cambio, el crecimiento y la capacidad de agencia.

Sin duda, es tentador querer más de eso: mantener todas las ventajas comerciales de la empresa junto con el mejor trabajo que hayas tenido. Sin embargo, el cronómetro corre para todos.

Si vamos a competir con quienes buscan la perfección del capitalismo industrial, debemos saber que nos superarán en medidas, normas y gestión. Es una carrera hacia el abismo.

El trabajo trascendente y significativo representa con exactitud lo que el industrialismo trata de erradicar.

La trascendencia es inconveniente.

Hemos desarrollado poderosas herramientas, tanto de comunicación como de producción y de amplificación, que permiten a los seres humanos aprovechar sus conocimientos y empeño para generar valor para otros. Ahora esas herramientas están a nuestra disposición para mejorar las cosas… si así lo decidimos.

Sin embargo, el buen uso de estas herramientas requiere nuestro compromiso como jefes, como empleados y como consumidores. Nos estamos suscribiendo a un nuevo tipo de compromiso y a un conjunto diferente de reglas.

12. Aprender de los extremos

En los extremos, podemos ver las opciones que se nos plantean.

Es posible construir una organización en la que todos los empleados estén controlados en todo momento, en la que los distintos tipos de trabajo se compartimenten lo más posible y se subcontrate al proveedor más barato. Esa organización puede administrarse con un enfoque centralizado y gestionar sus decisiones de manera algorítmica y minuciosa. El director general podría ganar un salario por hora diez mil veces superior al del empleado medio.

También es posible construir una empresa en la que cada empleado sea un colaborador valioso, donde los horarios y el espacio de trabajo sean flexibles, y donde las decisiones se tomen en conjunto con el cliente e involucren a toda la organización. Una organización de este tipo puede ofrecer excelentes salarios, o bien puede ser totalmente altruista; es decir, un lugar donde la recompensa del trabajador sea el trabajo mismo.

Aunque la mayoría de las empresas se sitúa en un punto intermedio, la tecnología y la competencia las empujan vertiginosamente hacia el primer tipo de organización, mientras que la comunidad, el cambio y la actitud de apertura hacia nuevas posibilidades las llevan a parecerse más al segundo.

Debemos decidir para qué sirve el trabajo: elegir si queremos pasar nuestros días propagando la escasez y el daño, o si, por el contrario, estamos dispuestos a comprometernos con la labor regenerativa de ofrecer el mejor empleo que los trabajadores hayan tenido nunca y la mejor organización que los clientes hayan conocido jamás.

Pero ¿cómo? ¿Cómo enseñar y cómo lograr que los trabajadores reformulen lo que se les inculcó? ¿Cómo cambiar los sistemas que tanto nos ha costado construir durante generaciones? La respuesta empieza simplemente así: debemos tomar una decisión.

13. Seamos realistas o no juguemos

El revolucionario libro de Mahan Khalsa acerca de las ventas contiene un mensaje importante para los directivos: no deben gestionar las actividades de sus empleados. De hecho, si son buenos en su trabajo, pueden hacer esa gestión en conjunto con ellos.

La colección de literatura, sistemas y organizaciones dedicada a la gestión de personal es casi infinita. Está firmemente enraizada en todo lo que consideramos normal sobre el mundo donde vivimos.

Tenemos un vocabulario específico y una cantidad ingente de sistemas exclusivamente dedicados a lo que hacemos con y para otras personas. Llamamos a esto *coaching*, *mentoring* o esparrin.

En mi libro *Esto es marketing*, escribí sobre el poder que aflora cuando empezamos a crear mercadotecnia para las personas y resolvemos sus problemas en lugar de centrarnos en los nuestros. Lo mismo sucede con el liderazgo organizativo.

Nadie va al gimnasio para que el «vicepresidente del boxeo» le aseste un puñetazo en la cara; sin embargo, algunas personas pagan con gusto por un esparrin para mejorar su técnica. La diferencia salta a la vista, pero hemos olvidado verbalizarla.

Sin calificaciones, sin marcas de verificación, sin credenciales. No estoy a cargo de ti y no te estoy manipulando. Simplemente me limito a establecer las condiciones para que llegues adonde dijiste que querías ir.

Tú me expresas tu objetivo y lo que necesitas para lograrlo. Tú te propones mejorar tu nivel de compromiso y desarrollar tus capacidades.

Yo estaré ahí para arrojar luz, preguntarte, responderte y desafiarte. Trabajaré sin descanso para que formes parte de un equipo de personas dispuestas a preocuparse en la misma medida que lo haces tú.

Podemos ser realistas… o no entrar en el juego.

14. Tipos de trabajo

Existe el trabajo creativo de quien se dedica a una práctica productiva en solitario. Existe el trabajo en comunidad, de afiliación, de pertenencia a una empresa. Existe el trabajo industrial que implica hacer lo que te ordenan y permanecer bajo vigilancia. Entre todos ellos, puede estar el trabajo clave de quien se decanta por algo porque siente que es parte del viaje y quiere cambiar el mundo.

Tanto en las grandes empresas como en el autoempleo, ejercemos los tres tipos de trabajo, pasando de uno a otro, a veces en un mismo proyecto o turno.

La labor industrial es lo que a menudo nos viene a la cabeza cuando pensamos en trabajo. Esta incluye directores, producción en serie, pruebas, inspecciones, aumentos, primas, cartas de despido, evitar al jefe, dimisiones silenciosas y despidos. Se trata de un invento reciente, de hace unos doscientos años. Aunque no es el único tipo de trabajo que existe, resulta fácil enfocarse únicamente en él y solo en él.

En ciertos entornos, inspeccionamos y medimos todo lo que podemos para eliminar cualquier necesidad de confiar en los empleados. Esto nos permite ganar la confianza de los clientes, especialmente la de quienes asumen mayores riesgos.

Sin embargo, el fin de la era industrial y el auge de las computadoras están cambiando la ecuación. Las herramientas pueden ser eficientes, pero el valor solo puede provenir del cambio, de la humanidad y de la excepcional forma de conexión que está asociada a la trascendencia.

Se trata del trabajo emocional de estar presentes porque nos importa.

15. ¿Qué tipo de trabajo es el que realmente valoramos?

Es evidente que el trabajo industrial impulsa nuestras instituciones educativas, prácticas de contratación y filosofías de gestión. Sin embargo, el trabajo industrial controlado y vigilado no es precisamente el empleo que soñamos o el que más nos importa.

Formar a los niños para que obtengan buenas calificaciones en los exámenes, obedezcan y consuman ha sido la tónica general durante generaciones, pero ¿con qué fin?

Cuando examinamos la valoración bursátil o la rentabilidad, la respuesta es siempre la misma: el crecimiento y los beneficios a largo plazo ya no proceden del industrialismo implacable. Las organizaciones que alcanzan clasificaciones extraordinarias en el servicio al cliente son aquellas que encuentran el modo de abrazar también a la humanidad.

Durante un siglo, el trabajo industrial sistemático fue una vía directa para crear valor. La productividad simplemente evaluaba el progreso respecto del día previo, enfocándose en una rapidez y una disminución de costos cada vez mayores.

Las computadoras y la subcontratación cambiaron esta métrica.

Ahora, el trabajo industrial representa a menudo una carrera hacia el abismo. Lo primero que hace cualquier empresa en expansión es subcontratar sus actividades industriales —incluida la producción en serie y el servicio de atención al cliente de primera línea— y elegir opciones más baratas, automatizándolas lo más posible. Si todo se crea según las especificaciones, con un cronómetro, ¿para qué molestarse en pagar más?

La subcontratación no es intrínsecamente más barata ni menos humana, pero los empresarios industriales suelen traspasar las fronteras internacionales para que lo sea. Y, si pueden elegir, los exhaustos trabajadores evitan el trabajo industrial. Se niegan a esforzarse simplemente porque alguien haya decidido que son un recurso que hay que maximizar. El trabajo industrial es el último recurso, no la primera opción de quienes tienen la suerte de poder elegir.

> **El valor real ya no lo crean las medidas tradicionales de productividad, sino las interacciones entre personas, la innovación, las soluciones creativas, la resiliencia y el poder de la velocidad.**

Cuando medimos la satisfacción humana, el valor para el accionista y la resiliencia, es evidente que lo construido durante el siglo pasado no es lo que necesitamos ahora.

La verdadera oportunidad de progreso para todos radica en el trabajo emocional que llevan a cabo quienes se involucran y se comprometen a marcar la diferencia. Esa es la ventaja competitiva que producen las organizaciones extraordinarias.

16. Las organizaciones significativas generan un impacto

- Ganan más dinero.
- Atraen a mejores empleados.
- Cambian más vidas.
- Recaudan más donativos.
- Ofrecen mejores entornos laborales.

Lo único que necesitas para crear ese impacto es dejar de limitarte a hacer tu trabajo y empezar a ser un líder.

Hacer «más» no es la cuestión. Se trata de hacerlo «mejor».

17. Hacia algo mejor

No es necesario ser víctima de un sistema obsoleto.

En lugar de eso, aquí y ahora, tienes la oportunidad de liderar, de crear las condiciones para el cambio, de embarcar a la gente en un viaje que cree conexiones, dignidad y posibilidades.

El liderazgo es una habilidad y un arte, y se puede aprender.

Podemos liderar juntos.

Este manifiesto no es un manual por pasos ni un libro de estrategias. Antes bien, debemos ver y comprender, en primer lugar, qué nos trajo hasta aquí para empezar a tejer los hilos de hacia dónde dirigirnos ahora.

18. Canto a la seguridad (coro)

Si la gente se está ahogando —o incluso si siente que está a punto de ahogarse—, es poco probable que trabaje bien en tu proyecto.

El adoctrinamiento se materializa cuando los sistemas poderosos y dominantes perpetúan el *statu quo* cultural e intelectual, enseñándonos cosas que en realidad no son ciertas ni universalmente útiles. Esto abarca expectativas sobre el trabajo, la escuela o nuestros vecinos.

El adoctrinamiento no se impone de forma exclusiva a los niños ni se relaciona únicamente con el éxito. También está vinculado con la raza, la clase, la orientación sexual, el puesto de trabajo y cientos de otras normas.

La agresión sigue siendo agresión por más que la llamemos *microagresión*.

Así que empecemos a explorar el terreno. ¿Qué nos enseñaron a creer sobre las cien mil horas que pasaremos trabajando y que carecen de utilidad? ¿Qué presupuestos tenemos sobre los demás, sobre sus sueños y sus miedos, que simple y llanamente no corresponden con la realidad?

Ha ocurrido durante tanto tiempo que ni siquiera nos damos cuenta: décadas de injusticia social, generaciones enraizadas en sistemas de castas y privilegios y un adoctrinamiento dirigido por los sistemas imperantes que no hace sino amplificar nuestra necesidad de estabilidad y seguridad. Los traumas y las exigencias crecientes del capitalismo industrial dificultan que muchos de nosotros tomemos las riendas, lideremos y llevemos a cabo el duro y vital trabajo de hacer posible un cambio.

Es como si nos hubieran quitado la silla cada vez que nos sentábamos a la mesa y ahora nos pidieran volver a sentarnos justo en ese mismo sitio. La confianza es difícil de ganar.

Irónica y tristemente, el directivo industrial suele aprovecharse de esta desconfianza y aumenta la inseguridad para crear más conformismo: «Te pueden despedir en cualquier momento, así que ponte derecho».

Sin embargo, los equipos que realizan un trabajo significativo y trascendente pueden crear una cultura donde la claridad, la profesionalidad y el compromiso abran la puerta a las nuevas posibilidades. Avanzar es el camino hacia la trascendencia.

Crear algo trascendental requiere confianza y esta proviene del cumplimiento sistemático de nuestras promesas.

19. ¿Dónde están los líderes?

Existen infinidad libros y artículos sobre cómo escuchar a los trabajadores, darles espacio para crecer y brindarles lugares de trabajo donde imperen la equidad y la inclusión.

Los directivos suelen poner a prueba estas ideas durante un tiempo, pero luego dejan de implementarlas.

Dicen: «No funciona». «Pedí sugerencias y no recibí ninguna». «Cuando se les deja ser, solo se esconden o retroceden».

¿De qué nos sorprendemos? Primero, la gente sufre diez o quince años de adoctrinamiento, novatadas y castigos durante su escolarización y después en su trabajo, durante décadas. ¿Cómo esperar que simplemente confíe en que no será engañada de nuevo?

Somos cómplices de un ciclo de miedo, manipulación y coacción.

Crear las condiciones para la trascendencia no es tarea fácil. Si lo fuera, ya lo estaríamos haciendo.

20. La culpa es de todos, del primero al último

En la gestión jerárquica, el jefe asume la totalidad del proyecto, lo divide en partes y asigna cada una a un subordinado directo.

Luego, los subordinados se encargan de sus respectivas secciones, las dividen en tareas más pequeñas y reparten la responsabilidad a toda la cadena de trabajo.

Cuando el resultado no cumple con las expectativas, el gran jefe culpa a todos los que estuvieron involucrados con la parte que parecía disfuncional. Y la culpa fluye cuesta abajo.

Sin embargo, como nadie sabe nada con certeza, como los problemas son complejos y los sistemas son más importantes que sus componentes, todos están nerviosos por su parcela de responsabilidad. Porque lo cierto es que no podemos estar seguros.

Así que, en lugar de evaluar lo correcto, medimos extraños indicadores de la atención de los empleados: tiempo que pasan en el asiento, respuesta a los correos electrónicos, carisma demostrado en las reuniones. Y esperamos que no nos culpen a nosotros.

21. La conversación imparcial

Joe Hudson es un respetado asesor empresarial de Silicon Valley cuyo enfoque de cuatro pasos para alcanzar el compromiso y el liderazgo se caracteriza por centrarse en un estado mental más que en una técnica. No existe un truco sencillo para manipular a la gente, pero sí hay una postura y un sistema de creencias, aplicables a nuestras interacciones, que permiten conectar y crecer con los demás. Esto aumenta nuestra probabilidad de navegar juntos en vez de que otros estén obligados a remar en nuestro lugar.

Durante sus conversaciones con los clientes, el asesor los alienta a preguntarse «cómo» y «qué», lo cual permite que los equipos encuentren el mejor camino a seguir. Esas dos preguntas nos ayudan a descubrir qué buscan otras personas y cómo acompañarlas para que lleguen al destino que se propusieron.

Preguntas del tipo «¿Cómo te sientes respecto a este cliente?» o «¿Qué te llevó a querer hacerlo de esa manera?» son un buen punto de partida. La conexión surge de la comprensión mutua que este tipo de conversaciones puede revelar.

A continuación, debe hacerse una indagación genuina. No se trata de implementar una argumentación forense basada en la premisa «Veamos cómo puedes entender esto a mi manera», sino de establecer una conversación imparcial que lleve al descubrimiento.

Los orígenes de la palabra *imparcial* son esclarecedores. Durante setecientos años, el término *parcial* ha significado «perteneciente a un interés egoísta más que a un bien común o mayor». Es fácil entender por qué un gestor o gerente debería ser parcial. Se supone que debe dar órdenes a la gente sin preguntar cómo ni qué. Al gestor se le paga para ser parcial, para que se centre en el objetivo y en los procedimientos indicados por su jefe.

Pero si lo que buscamos es un estado liminar —es decir, ir de un lugar a otro—, mantenemos una actitud de descubrimiento en vez de conducir nuestro tren por un único conjunto de vías. Se trata de un proceso, no de directrices.

Aunque sea tentador buscar directamente la respuesta que deseamos, limitándonos a hacer preguntas para obtener un mensaje que venda y un resultado aceptable, esta táctica suele fracasar. Falla porque al delatarnos, la persona con quien tratamos de conectar adivina nuestro objetivo y se cierra a la comunicación, sobre todo si dicho objetivo amenaza su historial de seguridad.

La alternativa es establecer una conversación en verdad asombrosa, entender la historia y la narrativa de las personas. El asombro es la versión abierta de la curiosidad que no busca obtener una explicación para resolver los problemas.

El proceso y los principios no requieren un plan específico.

No podemos prever lo que sucederá en un partido de basquetbol. Sin embargo, al centrarnos en la cultura y el proceso, podemos guiar a los jugadores hacia sus metas independientemente de cómo se desarrolle el encuentro.

Es más probable que este enfoque imparcial penetre en quienes no suelen ser etiquetados como jefes típicos y poderosos en nuestra cultura. Tu aspecto físico es mucho menos importante que la capacidad de involucrar a los demás en tu viaje. Se trata de un trabajo con esencia humana, que no se limita al género, la raza ni el origen cultural.

22. Preguntas que vale la pena plantearse

Los ingenieros, los cirujanos y los pilotos de carreras desempeñan trabajos relativamente fáciles de medir. Son capaces de centrarse en la ejecución siguiendo métodos comprobados. No obstante, para el resto de nosotros es necesario entablar debates útiles sobre lo que *podría* ser.

He aquí algunas preguntas con las que podemos empezar, cada vez que nos dispongamos a hacer trabajo colaborativo. Y sí, merece la pena plantearlas en voz alta, responderlas por escrito y comprometerse con las respuestas:

- ¿Qué cambio concreto realizará el equipo?
- ¿Cómo promoveré ese cambio desde mi rol personal?
- ¿Qué necesito aprender para apoyar o liderar a otros hacia ese cambio?
- ¿Quién necesito que me ayude? ¿Quién necesita mi ayuda?
- ¿Cuál es el riesgo, para todo el equipo, para mí y para las personas a quienes se brinda el servicio?
- ¿Cuál es el cronograma de este proyecto?
- ¿Con cuánto presupuesto se cuenta?
- ¿De qué tengo miedo?
- ¿Cuál es el beneficio para cada una de las partes implicadas?

Podemos hacer otra serie de preguntas al terminar:

- ¿El proyecto se entregó a tiempo?
- ¿Se hicieron grandes promesas —a los clientes, claro, pero también a los compañeros— y se cumplieron?
- ¿Se buscó mejorar el trabajo de forma sistemática?
- ¿Se procuró una necesaria incomodidad al momento de innovar?
- ¿Existieron avances en la teoría del cambio, el proceso y la creación?
- ¿Fueron planteadas preguntas difíciles que permitieron conocer cosas nuevas?
- ¿Se descubrieron parámetros útiles para mejorar la próxima vez?
- ¿Se construyó un sistema suficientemente resistente como para ayudar a producir aún más valor?
- ¿Cómo creció la organización y sus integrantes? ¿Qué aprendió el equipo?

Estas son preguntas esenciales, pero se desatienden con facilidad. Son inevitables para las organizaciones trascendentes y fáciles de evitar para el resto. Las empresas, sin importar su tamaño, pueden empezar a incluirlas en el diálogo o pueden luchar por evitarlas.

Si no podemos abordar estas preguntas, dudo mucho que podamos llamarnos profesionales.

23. Antes de empezar

Crea dos documentos con tu equipo antes de tu próximo proyecto: *1)* el análisis *pre mortem* y *2)* la *rave*.

Cada parte del trabajo que realizamos puede considerarse un proyecto: atender al próximo cliente, lanzar un producto, llamar a los inversores…

Imaginemos que el proyecto fracasa. Hagamos una lista por adelantado de todas las cosas que salieron mal. ¿Qué no funcionó? ¿Quién no entendió lo prometido? ¿Qué constituía un riesgo?

A la vez, antes de empezar, cuestionemos: ¿qué dice la mejor crítica que hemos recibido? Ya sea la opinión de ese cliente en Yelp, lo que habló ese vicepresidente con otro en el pasillo o el testimonio del empleado que se transformó de forma positiva. Ahora que lo conseguimos, ¿qué dicen? ¿Qué les impactó?

La intención nos otorga el poder de describir y nombrar futuros posibles. A su vez, los futuros posibles nos ayudan a reclamar el camino por el que estamos dispuestos a trabajar.

La intención exige compromiso. Es una oportunidad para asumir la responsabilidad y hacernos cargo de lo que suceda a continuación.

24. Juntos hacia lo relevante

El pueblo inuit tiene la antigua tradición de señalar un camino o un lugar importante apilando piedras en un *inuksuk* —término que significa «lo que actúa con capacidad humana». Es un acto colectivo, un proyecto trascendente creado por una comunidad.

Lo echaríamos de menos si no estuviera ahí y realmente estaríamos perdidos si no existiera.

No es aleatorio, no es universal. Es significativo, relevante: aquí, en este territorio, por una razón.

En varias tradiciones europeas, un montículo de piedras transmite un mensaje parecido. No solo dice «Estuvimos aquí», sino también «Esto es digno de recordar».

Un transeúnte no debe retirar una piedra de un montículo ni destruir un *inuksuk*. La gente que nos precedió construyó algo, y nosotros podemos aprender de ello o añadirle algo más.

Cada piedra es importante. Sin *esa* piedra, la estructura completa no puede sostenerse tal y como fue construida. Y, sin embargo, desde un punto de vista estratégico, cada piedra es trivial por sí sola. Es el conjunto de contribuciones lo que crea el todo, el *inuksuk*, el movimiento hacia delante, la señal con forma humana.

25. Una brújula antes de dibujar el mapa

Las revoluciones conllevan transformaciones. Al principio, los detalles son imprecisos, pero se puede seguir la trayectoria de los cambios que se avecinan. Dicha trayectoria es coherente y nos ayuda a avanzar mucho antes de que la industria o la cultura dispongan de suficientes detalles para trazar un mapa con los pasos a seguir.

A lo largo de nuestras vidas, hemos atestiguado las revoluciones originadas por la aparición de los ordenadores, el auge de Internet, la degradación del medioambiente y el fin de la era industrial.

La revolución del consumo de mediados del siglo xx fue fácil: ofrece productos baratos y cómodos y te irá bien.

En los albores de Internet, los observadores inteligentes comprendieron que podían llegar con facilidad a decisiones útiles si se cuestionaban ¿qué quiere Internet? No la gente que usa internet, sino la red misma. ¿De qué se nutre?

Si se ofrecía una mayor conexión entre personas, más ancho de banda y mayores opciones —cosas para las que Internet era buena—, era probable tener éxito sin importar qué otra cosa se hiciera. El efecto red era un síntoma de cómo esta nueva tecnología estaba revolucionando todo lo que tocaba. Kevin Kelly nos ayudó a comprender que preguntarse qué quiere la tecnología es similar a orientarse por la estrella polar: es una brújula para navegar con la corriente en lugar de luchar contra ella.

En los últimos años, las organizaciones descubrieron que otra forma útil de avanzar es preguntarse ¿qué quiere nuestro planeta? Construir cosas resistentes, de impacto medioambiental leve y más sostenibles es una poderosa forma de avanzar. Es lo contrario de una postura de dominio y despilfarro. El movimiento está ganando impulso y trayendo consigo un cambio. La tierra es tu clienta y mucha gente se alineará contigo cuando la sirvas.

La lección de este manifiesto es sencilla: una organización, sin importar su tamaño, puede avanzar eficazmente preguntándose ¿qué necesitan los seres humanos?, ¿qué crea valor para quienes interactúan con nosotros?

Salta a la vista que no se trata de aquello que han pedido los empresarios de manera tradicional, ni siquiera es lo que se han estado preguntando los programadores de Internet. De cara al futuro, las preguntas que tenemos que hacernos no tienen que ver con alimentar el mercado de valores, el minorista local o la nube de servidores en línea. No estamos aquí para llenar unidades de almacenamiento o simplemente para ganar una cuota de mercado. En lugar de eso, nos preguntamos qué necesita nuestra gente. ¿Qué cambio pretendemos realizar? ¿Ese cambio es importante para las personas con quienes trabajamos?

Aunque existen varias respuestas, aún no hay un manual de instrucciones. Solo tenemos una brújula y una forma de ver lo que en realidad importa.

Estos revolucionarios puntos cardinales son independientes y a veces se solapan e interactúan.

Cuando Internet llegó al consumidor, no era ni barata ni cómoda —salvo el correo electrónico, la aplicación estrella de 1980 a 1995—. Tuvo que pasar una década o más antes de que alimentarla se convirtiera en algo habitual. Las organizaciones grandes y pequeñas finalmente lo notaron.

Cuando las preocupaciones medioambientales aparecieron en el radar de muchas empresas, parecían antitéticas a la mayoría de los objetivos corporativos. Ahora, los coches eléctricos tienen más categoría, son más fiables y rinden más que los tradicionales; además, la energía solar es más barata y productiva que el gas o el petróleo. Hoy, incluso los grandes empresarios han adoptado el servir a la tierra como un valioso principio.

Lo que todas las revoluciones tienen en común es que son inconvenientes. Fue incómodo para un empresario industrial adoptar Internet en 1998, para una organización sin fines de lucro cambiar de rumbo y hacerse sostenible, y para una empresa de éxito adoptar políticas de trabajo significativas. Es raro que ocurra de forma rápida o fácil, y precisamente por eso dichos cambios son revolucionarios.

Las revoluciones empiezan en los extremos, pero al final transforman todo aquello con lo que interactúan.

¿Qué pasó con la gestión?

—¿Qué haces si el sobre es tan grande
que no cabe en la ranura?

—Bueno, si los doblas, te despiden.
Normalmente los tiro.

El gran salto *(1994)*

26. El fin del industrialismo y la erosión de la productividad

Amazon perdió una cuarta parte de su volumen de negocio anual en 2021. Según documentos internos divulgados por *Engadget*, Amazon perdió más de ocho mil millones de dólares por el abandono de sus empleados en 2021. Solo uno de cada tres nuevos trabajadores se quedaba más de un trimestre.

El problema de la rotación es tan acuciante que la empresa teme quedarse sin gente nueva que contratar. Según documentos publicados por *Recode*, podría correr el riesgo de agotar toda la oferta de mano de obra disponible en varias capitales estadounidenses.

Una de las razones de dicha rotación es que la empresa hace todo lo posible para no ascender al grueso de sus trabajadores a puestos de responsabilidad. Los empleados sin título universitario rara vez son promovidos a puestos de gestión, ya que la lógica industrial de «tú sigue las órdenes y nosotros mediremos tu rendimiento» domina la experiencia de casi todos sus trabajadores de primera línea.

Al crear la empresa con mayor operatividad de Estados Unidos, Amazon ha construido un sistema en el que a casi nadie se le permite decidir según su mejor criterio. Los cambios y las conexiones significativas no solo se desalientan, sino que resultan casi imposibles para la mayoría de sus trabajadores.

Este enfoque sistémico de la gestión industrial construye una máquina fiable, considerada a menudo como la marca más admirada de Estados Unidos. Los clientes responden bien a un servicio genérico, predecible y cómodo. Nos gustan las Big Mac y el envío *Prime*. Sin embargo, el servicio rápido y los precios bajos tienen un costo.

27. ¿A dónde fue la productividad?

En 2022, la productividad anual experimentó su mayor caída desde que la Oficina de Estadísticas Laborales de Estados Unidos comenzó a medirla hace setenta años.

Los empresarios industriales toman muy en cuenta esta métrica, pues calcula la producción por hora de los trabajadores. Cuando sube, existe más dinero para pagar a la gente, pero, como bien valoran los directivos, también se debe guardar más y registrarlo como bonificaciones.

Sundar Pichai, de Google, y Mark Zuckerberg, de Meta, han respondido a esta erosión prometiendo llevar a cabo más despidos, medir el rendimiento de forma más cuidadosa y crear políticas basadas en los resultados. Tiburones como Elon Musk no han tenido más que hacer que despedir hasta a un 75 %

de los empleados de su empresa, talando la «madera muerta» y tratando de asustar al resto de la plantilla para asegurar su cumplimiento.

Satya Nadella, director general de Microsoft, no quiso saber nada de ello. Su equipo acuñó el término «paranoia de la productividad» para recordar que presionar a los creadores a alcanzar métricas positivas a corto plazo suele ser contraproducente.

«En esencia, estas herramientas deben ayudar a las empresas a que sus empleados prosperen», dijo Nadella. «Una organización solo puede triunfar y ser productiva si los empleados abrigan una sensación de empoderamiento, de energía y compromiso con la misión de la empresa, y realizan un trabajo significativo».

Ese es el significado de la bifurcación en el camino.

La verdad es simple: la producción de microaplicaciones es relativamente sencilla de medir e incrementar; sin embargo, esas métricas —y métodos— no sirven para evaluar las interacciones humanas, las ideas o la innovación.

«Un director de orquesta no produce ningún sonido. Su poder radica en su habilidad para hacer que otros sean poderosos».

———

BEN ZANDER,
director de la Filarmónica de Boston

28. Riesgo y confianza

Cuando consideramos los cuatro tipos de trabajo, podemos registrarlos en una matriz de priorización de dos por dos con los niveles de riesgo y de confianza como ejes principales.

El trabajo de alto riesgo y baja confianza es el industrial. Consiste en cumplir las especificaciones, en hacer pruebas y medidas, y en vigilar. La gestión tradicional vive en este cuadrante. Así es como se gestiona con éxito una franquicia de comida rápida. Cada cliente es valioso y cada resultado debe ser idéntico.

El trabajo de bajo riesgo y poca confianza es parecido, con la salvedad de que es fácil de subcontratar. No es un trabajo que tu organización deba tomarse en serio o de manera personal. Cuando Amazon tuvo que etiquetar diez mil imágenes, creó Mechanical Turk, un programa que permite a cualquier persona del mundo ganar unos centavos trabajando a destajo. Hoy esta labor es realizada por una inteligencia artificial de aprendizaje automático. Asigna el mismo trabajo a cien bots y, tarde o temprano, estará hecho.

El siguiente cuadrante es para el trabajo en el que hay poco en juego pero mucha confianza. Es el de generación de cultura, de comunidad, de las personas que nos importan y que acuden cada día para contribuir un poco al todo. El trabajo es constante, pero es humano, no industrial. Los cambios provocados por la irrupción de la pandemia, la subcontratación, el teletrabajo y la inteligencia artificial han alterado este cuadrante.

El último cuadrante, el más importante de todos, es el trabajo donde hay mucho en juego y existe una gran confianza. Es el trabajo significativo, el trabajo que trasciende, el trabajo llevado al límite. En suma, es el que crea valor humano cuando conectamos con las personas que lo crean y las respetamos.

No se obtiene una recompensa al industrializar este trabajo o al crearlo bajo coacción, pues al hacerlo acabaría sumándose a la carrera hacia el abismo.

	Alto riego	
Vigilancia		**Relevancia**
Certificación		Humanidad
Verificación		Magia
Toca la partitura como está escrita		*Es similar a un cuarteto de jazz*
Baja confianza		**Alta confianza**
Impersonal		**Confort**
Inteligencia artificial		Familiaridad
Mercado de trabajadores autónomos		Pueblo
Compra tres, usa uno		*Un lugar donde todos saben tu nombre*
	Bajo riego	

29. Carrera hacia el abismo

Esta es una carrera que no querrás correr porque la podrías ganar o, lo que es peor, quedar segundo.

Esta es la carrera del empresario, la carrera de la productividad. Es el reto del más por menos, de la calidad a gran escala.

La carrera hacia al abismo también ofrece precios bajos, calidad media, mucho espacio para excusas sobre nuestra falta de humanidad y un enfoque cortoplacista. Está llena de atajos y de competidores dispuestos a sacrificar su integridad a cambio de una pequeña ventaja.

Al principio, ir cuesta abajo es emocionante, puesto que un rendimiento ligeramente más alto se siente como una bendición extraordinaria. Las ventas y los beneficios no tardan en llegar.

Sin embargo, inevitablemente, cuando aparece un competidor, se convierte en una carrera. Y para ganarla, todos los elementos que te atraían del trabajo desaparecen muy rápido.

«Al planeta no le hacen falta más triunfadores, pero sí necesita desesperadamente más pacificadores, sanadores, restauradores, narradores y amantes de todo tipo».

DAVID ORR

30. Premios por permanecer en el punto rojo

Para participar en una carrera, lo primero que hay que hacer es, evidentemente, entrenar.

Hace más de tres siglos, Jean Baptiste de La Salle fundó los Hermanos de las Escuelas Cristianas, una de las primeras instituciones en Francia que ofrecía educación infantil a estudiantes de diversas condiciones socioeconómicas. Baptiste también fundó una de las primeras escuelas para el magisterio en el mundo.

Para gestionar el aula, ayudó a idear un sistema de sanciones y puntos, mediante el cual los niños con buen comportamiento evitaban ser castigados.

En 1900, La Salle fue canonizado y en la actualidad hay un asteroide que lleva su nombre.

La gente responde de forma positiva a los sistemas basados en la puntuación, especialmente aquellos que ofrecen recompensas o premios. Un siglo después, sin embargo, podemos ver los resultados de la innovación de La Salle. El hijo de un amigo llegó a casa y mostró orgulloso a su madre las baratijas de plástico que había ganado ese día en su clase de primero de primaria:

—Me quedé quieto en un sitio y conseguí algunos boletos. Si mañana hago lo mismo, ¡obtendré más premios!

Primero de primaria. Quédate quieto en silencio y conseguirás un juguete. Es una forma de adoctrinar a los niños en la obediencia y el consumo.

Eso es exactamente lo que busca el industrialismo.

Las empresas han descubierto que otorgar puntos y concebir el comportamiento como un juego es rentable. Las millas de viajero frecuente, la clasificación en el Pelotón y las rachas en Duolingo existen para hacernos sentir que estamos haciendo algo importante.

Sin embargo, esa técnica de eficacia probada se está extendiendo ahora de formas que la mayoría de nosotros no esperábamos ni deseábamos.

¿Es necesario enseñar a los niños a quedarse quietos en un sitio? ¿No hemos pasado ya demasiado tiempo inmóviles en un solo lugar?

Classdojo es una aplicación que, según su creador, se utiliza en el 95% de las escuelas primarias de Estados Unidos. Si bien proporciona herramientas de comunicación útiles para profesores y padres, su función principal es repartir puntos de acuerdo con la propuesta de La Salle.

La ludificación consiste en codificar y amplificar las motivaciones a las que cada uno de nosotros responde al participar en un juego. Es una formación para el régimen industrial de control y productividad a corto plazo.

Como señala Adrian Hon en *You've Been Played*, ahora todo es ludificación. Lo que realmente hay que discutir es la diferencia entre ludificación buena y mala; útil y manipuladora, mágica y banal.

Hon transcribe en su libro el testimonio de un padre: «Mi hija es una estudiante sobresaliente, se porta bien y los profesores solo dicen cosas buenas de ella. Sin embargo, hace apenas un par de días, he visto un cambio negativo en ella: llegó a casa preocupada por sus puntos, preguntando qué podía hacer para conseguir puntos, y precisamente esta mañana nos cuestionó si podía quedarse en casa y no ir a la escuela porque tenía miedo de cometer un error y perder puntos. Es una niña de seis años».

Cuando un profesor utiliza el sistema Classdojo para incrementar el compromiso emocional, disminuir las distracciones y limitar lo más posible el uso del celular en clase es difícil negar que cumple con las expectativas que los padres, los profesores y la mayoría de los alumnos depositan en la escuela.

Por otra parte, cuando una institución educativa premia a un niño con una lata de Sprite por ganar cien puntos y luego le da más puntos aún a cambio de obediencia silenciosa y mera complacencia, salta a la vista que eso no beneficia a nadie más que a los burócratas.

Con el fin de amplificar su impacto, Classdojo actualizó sus sistemas para añadir correctivos sonoros. Ahora, cuando un alumno recibe una amonestación, el profesor puede emitir, durante la clase, el tañido de una campana desde su celular.

Tarde o temprano, toda motivación deviene en automotivación. O los puntos se convierten en parte de lo que somos o dejamos de reaccionar a ellos.

Y cuando dejemos de responder, las fuerzas externas se limitarán a ofrecer más puntos con el objetivo de ganar más poder.

Actualmente, estamos siendo manipulados por los perezosos señores de los puntos. Es un buen atajo para obtener beneficios, control y, sobre todo, para evitar una verdadera conexión humana. El trabajo, la escuela y nuestro tiempo libre se están convirtiendo en una sempiterna rueda para hámsteres con pequeños premios repartidos a cambio de comportamientos que alimentan a las empresas en lugar de a nuestras almas.

Platón sostenía que el Estado debía asegurarse de adoctrinar a los niños a una edad temprana, impidiéndoles así desarrollar su imaginación. «Al ser diferentes, exigirán otro tipo de vida, y eso les hará desear nuevas instituciones».

¿Cuántos seguidores tienes en internet? ¿Hasta qué grado te puedes adaptar? He aquí el punto de hoy, detente en él.

31. En busca de un cronómetro aún mejor

En 2022, Amazon introdujo mejoras en sus tecnologías de vigilancia Contact Lens, las cuales ya están disponibles para las miles de empresas que utilizan AWS (Amazon Web Services). Contact Lens es un algoritmo de aprendizaje automático que escucha todas las llamadas que recibe su departamento de atención al cliente. Además de entender las palabras que utiliza el operador telefónico, también puede detectar los niveles de estrés en su voz y las pausas inusuales.

Engadget cita a Adam Silipsky, director general de AWS: «Estas tecnologías reducen el tiempo que los responsables de los centros de atención telefónica dedican a identificar problemas de rendimiento y a entrenar a los operadores».

Dicho de otra manera, es más fácil implantar vigilancia que contratar empleados y estimular su motivación. Por supuesto, esto es más cómodo y parece ser más seguro.

«Su llamada puede ser grabada o monitoreada para mejorar la calidad del servicio». Pero esto no sucede de la forma que esperábamos: ahora se graban todas las llamadas, todo el tiempo. Me pregunto cómo será la satisfacción laboral —y vital— de los operadores. A medida que la inteligencia artificial sea más inteligente y el aprendizaje automático recopile más datos, el sistema vendrá por cada uno de nosotros.

En cuanto un sistema industrial pueda monitorizar tu jornada laboral, lo hará. Inexorablemente.

32. La vida media de una gran organización

Empresas como U.S. Steel o IBM tuvieron la oportunidad de mantener su crecimiento durante décadas. Descubrieron una innovación, luego la industrializaron y la optimizaron a través de los años.

Sin embargo, a medida que el mundo se acelera, la vida media entre la tecnología de punta y el producto obsoleto se acorta.

Lo que nos trajo aquí no nos llevará hasta allá.

Así, bajo la dirección de Steve Ballmer, Microsoft no supo aprovechar las oportunidades que se le presentaban con los motores de búsqueda, los teléfonos inteligentes, las redes sociales y la computación en la nube. Se perdieron cuatro de las mayores transiciones durante la principal década de la tecnología.

La empresa pasó de ocupar el primer puesto a ganar una mención deshonrosa y solo cuando una nueva generación de líderes reconstruyó la empresa, Microsoft tuvo una oportunidad de resurgir. Ballmer eligió la comodidad en lugar del valor.

Las personas que contratas para seguir instrucciones rara vez son las que te ayudarán a construir algo innovador y con sustancia.

33. Rendimiento de los activos

Rentabilidad de los bienes inmuebles y, después, de las máquinas, de los activos financieros, de las personas…

Las matemáticas son contundentes y sencillas. En un entorno competitivo, debes exprimir al máximo el jugo de cada activo que poseas o los activos te exprimirán a ti hasta dejarte sin trabajo. Rentabiliza tu espacio en las estanterías, tu lista de correo electrónico, tu fábrica. Es una carrera por el control, el apalancamiento y la expansión.

Sin embargo, si presionas demasiado a la gente, en ocasiones alza la voz o se marcha.

El mundo ha cambiado. Los empleados cuentan con más información sobre alternativas laborales, respeto en el lugar de trabajo y salarios. Torturarlos en privado ya no es tan fácil como llevar una máquina hasta su punto de quiebre.

Dicha información también contempla las oportunidades de quienes aportan perspectivas más humanas desde diferentes sitios. El teletrabajo facilita esto aún más, ya que el número de sitios desde donde se puede contribuir sin salir de casa es casi infinito.

Y, por último, como resultado de la escala y el intercambio de información, las ventajas de maximizar las aportaciones «no humanas» prácticamente se han agotado. Es fácil encontrar la paridad con tus competidores cuando todos subcontratan a los mismos productores.

El resultado es un cambio sustancial en cómo necesitamos que actúen las personas con quienes trabajamos: como seres humanos, no como máquinas obedientes.

34. El libre intercambio de mano de obra

El objetivo del gestor industrial es ganar en cada transacción. Pagarnos por nuestro tiempo, extraer lo más posible de nosotros, retirarse y estar en paz. Esto es lo que soportará el mercado.

Cero conexión, cero lealtad, cero humanidad. Simplemente extracción. El ser humano como recurso.

Por supuesto, la gente con alma, las personas que toman decisiones y buscan cierta dosis de humanidad se enfurecen ante la idea de la transacción corporativa. Si la pregunta es «¿Qué te debo?», Margaret Atwood está en lo cierto: «La respuesta nunca es "nada"».

Tenemos una deuda con nuestros empleados. La tenemos con nuestros compañeros de trabajo. La tenemos con nuestros jefes.

El trabajo es la expresión de nuestra energía y de nuestros sueños. Debemos a quienes nos acompañan en el viaje la misma dignidad y conexión que nos gustaría recibir a cambio.

35. Kinko y Sleepy

Existe una alternativa al régimen jerárquico establecido. Cuando Paul Orfalea construía Kinko's —que vendió a Fedex por más de dos mil millones de dólares—, decía que su mejor técnica para impulsar el negocio era sencilla: entraba en una de sus tiendas y pedía a cualquier empleado que le compartiera una innovación que hubiera implementado y que funcionara —luego, difundía la idea en el resto de las sucursales. Si no tenías ninguna innovación que compartir, Paul te hacía saber que debías mejorar.

Cuando Harry Acker construía Sleepy's —que su hijo vendió a Mattress Firm por cerca de mil millones de dólares—, su mejor técnica para hacer crecer el negocio consistía en llamar todos los días a cada tienda y preguntar: «¿Cuál es el problema?» y, acto seguido, solucionarlo. El gerente de la tienda que me contó esta historia dejó claro que si alguien no tenía un problema que compartir, ese alguien era el problema.

Son dos caras de la misma moneda. Es posible que tu equipo sepa lo que está pasando.

Esta vez,
con sentido

———————

Todos los que dicen que no se puede hacer
no deberían interrumpir a aquellos
que lo están haciendo.

KATHRIN JANSEN

36. Cuando cantamos juntos

Trascender es una decisión; las organizaciones ya la están tomando.

Las revoluciones destruyen lo perfecto y hacen posible lo imposible. Periódicos, agencias de viajes, compañías de taxis, reuniones de trabajo… Existe una larga lista de productos e interacciones industrializados que solían ser perfectos pero que fueron sustituidos, casi de la noche a la mañana, por productos y servicios que antes se consideraban imposibles.

La revolución de lo trascendente está deshaciendo el poder comercial del industrialismo y nos empuja a crear organizaciones difíciles de imaginar hace una o dos décadas.

Pensemos en Automattic, una empresa privada rentable que forma parte del ecosistema de Wordpress. Automattic tiene más de dos mil empleados de tiempo completo, pero cada uno de ellos puede trabajar desde donde quiera y cuando quiera. Esta plantilla distribuida y semiautónoma ha creado algunos de los mejores y más reconocidos programas informáticos del mundo, y lo ha hecho sin muchas de las trampas de la gestión industrial ordinaria.

Está claro que las organizaciones trascendentes y significativas no se limitan a sitios web, orquestas y empresas de software. La mayoría de las campañas políticas exitosas, las organizaciones sin fines de lucro de rápido crecimiento e incluso una entrañable tienda de bocadillos de Ann Arbor (Michigan) funcionan así.

La gestión es una carrera hacia el abismo; el liderazgo ofrece la oportunidad de correr hacia la cima. La diferencia es notable, y los beneficios para empleados, clientes y empresas son evidentes.

Una organización relevante o significativa puede vender comida, crear software, enseñar a hacer cerámica o confeccionar ropa. No se trata de lo que hacemos, sino de cómo elegimos hacerlo.

Si nos preocupamos lo suficiente como para generar el mejor trabajo que se pueda tener, el equipo lo reconoce. Y si la gente que se preocupa construye algo de lo que está orgullosa, el mercado lo nota.

37. Características laxas y rigurosas

Tom Peters y Bob Waterman escribieron por primera vez sobre esto hace treinta años. Ciertos trabajadores de una importante organización se encuentran muy controlados, hipervigilados y se les brinda poca confianza simplemente porque hay mucho en juego y porque la calidad de su trabajo se puede medir con facilidad. Otros empleos, en cambio, son más laxos, y se espera que los seres humanos aporten su mejor criterio al trabajo.

Los hospitales Aravind Eye Care System de la India han devuelto la vista a más seres humanos que cualquier otra institución en el mundo. En la actualidad, millones de personas pueden ver gracias a la abnegada labor de sus miles de empleados.

Los pacientes pueden elegir entre pagar cientos de dólares por la operación de cataratas o recibir el procedimiento de forma gratuita. Las aportaciones de quienes optan por pagar son suficientes para que Aravind se sostenga. Su cultura celebra dos aspectos principales:

- El índice de infecciones y fracasos de sus cirugías es increíblemente bajo. Es más probable que contraigas una infección en una cirugía similar en Londres.
- Los pacientes reciben un buen trato, independientemente de cuánto paguen —o de si lo hacen.

Cirujanos de todo el mundo eligen recibir su formación en Aravind debido a la cantidad de operaciones que se realizan. Es un excelente lugar para aprender el oficio, la disciplina y la técnica. El quirófano es un espacio riguroso que se basa en procedimientos estrictos y que deja poco espacio para la improvisación. Ese es uno de sus rasgos característicos.

Al mismo tiempo, se espera que los trabajadores del hospital innoven, brinden un trato humanitario y hagan todo lo posible para hacer de la institución un espacio donde las personas sanen y creen conexiones con los demás. Sin importar tu origen ni condición socioeconómica, en Aravind serás tratado con el respeto y la dignidad que mereces.

La idea clave es que cualquiera de los dos caminos se transite con intención.

38. Las alfombras son un negocio sucio

En 1973, contra todo pronóstico favorable, Ray Anderson creó una empresa de alfombras. Para fabricarlas se requieren látex, nailon, calor y un trabajo de fábrica minucioso. También es una industria de productos básicos, un negocio centrado en el precio con márgenes despiadados.

Sin embargo, Ray tenía una gran determinación. A lo largo de veinte años, convirtió Interface en una empresa líder en el sector de las moquetas, comercializándolas en forma de losetas para grandes oficinas. Ninguna venta era demasiado pequeña para ignorarla, y ninguna mejora de la productividad se pasaba por alto: su director financiero trabajaba setenta horas semanales cada año.

En 1974, Ray se enteró de que un cliente potencial de California se había negado a comprar su producto alegando «cuestiones medioambientales». Eso le llevó a leer un libro pionero de Paul Hawken, donde por primera vez comprendió el daño que su empresa —y tantas otras— estaba haciendo al medioambiente.

Ray se reunió con su consejo directivo, integrado por un grupo de sensatos gerentes que sabían cómo optimizar su negocio en términos de costes y beneficios. Les comunicó que iban a dejar de saquear el planeta para convertirse en un modelo a seguir por otras empresas. Anunció la reconfiguración de todas sus operaciones con el fin de escalar la montaña de la sostenibilidad y seguir siendo rentables al mismo tiempo.

Luego les dijo que no tenía idea de cómo hacerlo. Retó a su equipo: «Alcanzaremos la sostenibilidad en el año _____. Ustedes escriban el año».

Enseguida les dio el poder y la autoridad para abordar el problema, además de la responsabilidad de hacer algo al respecto. Después, se levantó y abandonó la sala.

En la actualidad, Interface vende moquetas modulares que no solo son producidas con cero emisiones, sino que su elaboración secuestra más carbono del que consume, pues la empresa genera energía en lugar de quemarla. No obstante, el impacto climático no es el tema de esta historia.

En entrevistas posteriores, el equipo de Interface, desde la primera línea hasta el consejo directivo, describió cómo el periplo de reconstruir la empresa había cambiado su vida. El trabajo se había convertido en una vocación profesional. Todos aprendieron nuevas habilidades que los transformaron en líderes. El reto de Ray había cambiado la rutina del trabajo en la fábrica, centrada en los beneficios, por una vida valiosa y trascendente, llena de significado e impulsada por un sentido más que por un sueldo. Si bien Ray Anderson fue valiente, los verdaderos héroes fueron los miembros de su equipo.

Si una empresa de alfombras puede hacer algo así, ¿qué no podríamos hacer los demás?

39. Cumplimiento y cambio

El gestor procura que sus empleados cumplan. Obtiene beneficios con el progreso industrial y la productividad, lo cual se consigue haciendo lo mismo que hacíamos ayer, pero un poco más rápido y un poco más barato.

En cambio, el líder busca crear las condiciones para que la gente materialice el cambio. Los líderes no necesitan ser autoritarios, sino que deben coordinar la confianza, el enfoque y la conexión de las personas que se enrolan en el viaje hacia un trabajo trascendente.

Para ambos, obtener los mejores y más fáciles resultados resulta tentador. Prometer a la gente dignidad, conexión y emoción, y luego utilizar la disciplina para conseguir que hagan lo que tú quieres.

Eso ya no funciona tan bien como antes.

40. Truco o trato

El trato que implementaron los empresarios industriales fue sencillo: preséntate, haz lo que se te ordene, y serás recompensado. Como en el caso del niño que camina por una calzada oscura en Halloween, la promesa es simple: toca la puerta, exclama «Truco o trato» y recibirás caramelos.

Hasta ahora, hemos invertido muchos esfuerzos y escuchado muchas promesas, pero hemos obtenido pocos caramelos.

El nivel de satisfacción en el trabajo es mínimo. La promoción laboral se estanca. La diferencia de ingresos aumenta. Las prestaciones no están a la altura de los horarios ni del estrés. Hay recortes de personal.

La gente ya no cree en promesas y los directivos descubren que no pueden seguir fingiendo que ofrecen un trato justo.

41. El dilema de los recursos humanos

La tierra fue el primer recurso: «Produce más maíz por metro y ganarás más dinero».

Luego, las máquinas se convirtieron en un recurso: «Haz que sean más eficientes y ganarás más dinero que, a su vez, te permitirá adquirir más máquinas».

Y entonces los activos financieros se convirtieron en un recurso: «Presiona a tus empleados para obtener una gran rentabilidad y mídela en puntos básicos —uno entre mil—. Haz lo posible para conseguir un poco más».

Al final, solo nos quedaron las personas con las que trabajábamos. Ya no eran compañeros de trabajo. Eran recursos.

Apriétalos si es necesario. Debes hacerlo porque el sistema lo exige. El directivo con más talento en el manejo de títeres y con menos principios morales gana la carrera hacia el abismo.

Aunque hemos aplicado mucho barniz a la fea perspectiva que los directivos industriales tienen sobre sus empleados, la realidad no ha cambiado mucho: si los humanos son un recurso, estamos aquí para exprimirlos.

Esto conduce al acoso laboral, al cansancio extremo, al hostigamiento y a sistemas basados en la injusticia y la falta de equidad en lugar de en la posibilidad. La gestión y el industrialismo se han desarrollado a expensas de los trabajadores, no junto a ellos.

Es momento de cambiarlo. Podemos generar valor, hacer cambios y marcar la diferencia liderando humanos en lugar de tratar a la gente como engranajes de una máquina sin alma.

SETH GODIN

42. Dos años que cambiaron el mundo

Aunque habría cambiado de todos modos, cuando Henry Ford se encontró con Frederick Taylor, el futuro se codificó, amplificó y rentabilizó.

En 1909, un pozo petrolífero en Texas inauguró un siglo de crudo barato, un combustible que podía quemarse para generar energía y riqueza.

En 1911, Frederick Taylor publicó *Los principios de la administración científica*, manifiesto que concebía a los seres humanos como máquinas, dispositivos obedientes que podían ganar eficiencia de manera gradual.

En ese mismo año, Taylor conoció a Henry Ford cuando él construía la planta del Modelo T en Highland Park, Michigan. Había nacido el área de Recursos Humanos.

> **El petróleo barato combinado con el impulso de las máquinas y la sumisión de los seres humanos resultó en enormes beneficios. Y quedamos enganchados.**

43. Reducidos a autómatas

Henry Ford recibió medallas a la productividad otorgadas tanto por Stalin como por Hitler. Taylor nunca llegó a ser tan famoso, en parte porque no le dio su apellido a una empresa, pero, sobre todo, porque se limitó a esclarecer un sistema que parece obvio para todos los que lo practican. Aunque mucha gente cree que la gestión no es un invento, sino que solo existe, fue concebida de forma intencional por empresarios industriales que sabían exactamente lo que estaban haciendo.

Una persona que visitó la primera planta de Ford escribió: «Cada empleado parecía estar limitado a una sacudida, un giro, un espasmo o un temblor muy bien definidos […] Nunca creí posible que los seres humanos pudieran reducirse a autómatas tan perfectos. Buscaba constantemente el cable o la correa de transmisión oculta en sus cuerpos que los mantenía en movimiento con la maravillosa precisión de un reloj. No logré descubrir cómo se transmitía la fuerza motriz a esas personas, y no parece razonable que los seres humanos consintieran voluntariamente ser simplificados hasta convertirse en autómatas. Supongo que sus esposas les daban cuerda cuando dormían».

Esto no es historia antigua ni se limita a la fabricación de automóviles. Hace menos de treinta años, uno de los visitantes a la moderna fábrica de pantalones de mezclilla de Levi-Strauss comentó: «En nuestra visita a la fábrica, nos sorprendió la minuciosa segmentación de las operaciones. Para coser un bolsillo en los pantalones se necesitaban seis diferentes operadores de máquina de coser, cada uno haciendo una tarea sencilla. Y la mayoría de ellos hacían siempre la misma acción, hora tras hora, día tras día, año tras año».

La misma mentalidad de compartimentación y gestión se ha aplicado a los médicos, a los ingenieros de sonido e incluso a las personas en las redes sociales.

Esto es lo que ocurre cuando se corre hacia el abismo. Se considera que los seres humanos son recursos en lugar de personas y que la fábrica —en cualquiera de sus formas— tiene derecho a utilizarlos para obtener la máxima eficiencia a corto plazo.

44. ¿Cómo logro que la gente haga lo que yo quiero?

Quizá una mejor pregunta sería: ¿cómo genero las condiciones para que otras personas realicen una labor trascendente?

La gestión es la práctica de utilizar el poder y la autoridad para conseguir lo que queremos: que se volteen bien las hamburguesas, que se entreguen los paquetes o que se atiendan los teléfonos. El liderazgo es el arte de crear algo provisto de significado. La gestión ha tenido una buena racha. Durante más de cien años, los buenos gestores crearon resultados industriales sistemáticos, productos útiles y beneficios fiables.

Ford estaba bien gestionada. IBM también. Se podía contar con la pizzería local para entregar un platillo caliente a un precio justo.

Pero la gestión está estirando la cuerda al máximo.

Los seres humanos no son un recurso. No somos una herramienta. La humanidad es la clave.

45. Abrir la puerta a la posibilidad

Atención: La siguiente parte es el *quid* de toda esta diatriba. Este manifiesto existe para poner de relieve la oportunidad y la trampa, el miedo tácito que ha moldeado nuestra cultura, dirigido nuestra educación y socavado nuestra capacidad para realizar un trabajo trascendente.

Si solo tienes tiempo para leer un apartado, que sea el siguiente.

46. La generosa audacia de la trascendencia

Vivimos con miedo. Es un miedo ancestral al aislamiento, al rechazo y al peligro físico. Evolucionamos y sobrevivimos gracias a ese miedo, no a pesar de él. La aldea ofrece seguridad y desafiar al líder es un riesgo. Lo desconocido, lo que queda fuera de la luz del fuego, debe evitarse.

La ironía del mundo moderno es que los antiguos miedos persisten y actúan en nuestra contra. Los empresarios industriales entendieron nuestra debilidad y la aprovecharon. Los miedos sabotearán nuestro trabajo, socavando aquello que afirmamos desear e interponiéndose en nuestro camino hacia una humanidad plena.

El bloqueo del escritor, las interminables reuniones y memorandos, el miedo al jefe, el miedo a la evaluación, el miedo al mercado, la defensa del *statu quo*... son síntomas de resistencia, de los miedos ancestrales que vuelven para paralizarnos.

Y con tanto en juego, el director industrial sigue aferrándose a su papel, quitándonos la autonomía y limitándose a dar órdenes, amplificando nuestro miedo ancestral con un cronómetro y una carta de despido. Así que apretamos los puños mientras contemplamos cómo nuestros anhelos de trascender se marchitan.

Y es probable que el líder moderno también perciba el miedo y responda ofreciéndonos aperitivos en la cocina, opciones sobre acciones, horarios flexibles y la libertad de hacer el trabajo que afirmamos desear hacer. Sus intenciones son buenas, pero insuficientes.

Tarde o temprano, parpadeamos. Contemplamos la oportunidad que se nos brinda y nos paralizamos. Por un lado, esto se debe a que las escuelas y los directivos nos adoctrinaron a esperar instrucciones y plazos; por el otro, a que los miedos ancestrales son poderosos y persistentes.

Sin tensión, esperamos. Sin una fecha límite, divagamos. Sin urgencia, es más fácil estancarse. Todos tenemos nuestra parte de culpa, pero tarde o temprano, todo se reduce a cómo respondemos a nuestra oportunidad de crear.

El líder comprende que comprometerse con la trascendencia es un acto generoso, pero que también conlleva un riesgo evidente y un miedo real para todos los implicados. Es un miedo taimado y sutil, inteligente y perenne.

Cuando nos comprometemos de forma mutua a crear algo relevante y que trascienda, creamos las condiciones para entender que nuestro trabajo, nuestro verdadero trabajo colectivo, es bailar con el miedo. Y bailar con el miedo requiere sentido, tensión y el convencimiento de que estamos haciendo algo que importa.

47. Buscando kokoro

Como sucede con la mayoría de las palabras importantes, no es fácil traducir el término japonés *kokoro*. Significa «corazón, espíritu, mente y yo». Es la expresión interior y exterior de lo que somos y de lo que podemos hacer.

Aunque no hables japonés, es probable que esta palabra te resulte familiar. *Kokoro* es una expresión arraigada en nuestra personalidad, que refleja la dignidad y la conexión que buscamos en nuestras acciones y en el modo en que somos comprendidos. Ser capaces de encontrar *kokoro* en nuestra vida cotidiana es algo mágico, y brindar a un tercero la oportunidad de llevar su verdadero yo al trabajo es un acto poderoso y de generosidad.

En este momento, *kokoro* no es simplemente un anhelo personal, sino también una necesidad para nuestras organizaciones.

48. Lavar un coche es un acto significativo si lo haces bien

Thomas D'Eri dirige Rising Tide Car Wash, una empresa que lava ciento cincuenta mil coches al año y cuyo nuevo establecimiento, inaugurado hace poco, generó ganancias en tan solo sesenta días. Parte de su secreto radica en la buena reputación que construyó gracias a su excepcional servicio al cliente.

En su libro *The Power of Potential*, D'Eri relata que su empresa contrata a personas con autismo y crea un lugar seguro para todos sus empleados. Lo que comenzó como un lugar donde su hermano Andrew pudiera ejercer un trabajo útil se convirtió en una misión que ha impactado en las vidas de miles de personas.

Es fácil imaginar un túnel de lavado como una serie de máquinas operadas por humanos obedientes. Resulta tentador enfocarlo en los coches, la velocidad y el coste.

Sin embargo, convertirlo en un negocio trascendente no consiste en optimizar la mecánica, sino en marcar la diferencia.

En Rising Tide, el trabajo cambia la vida de los empleados y, a cambio, ellos transforman la vida de los demás. Eso mismo sucede con sus clientes. La empresa se basa en cuatro principios:

- Sensación de seguridad
- Cultura de responsabilidad
- Objetivo claro
- Amor al cliente

El propósito de Rising Tide no es lavar coches, pues ese acto representa simplemente una oportunidad para marcar una diferencia en la vida de sus trabajadores y sus clientes. La empresa dedica mucho más tiempo y energía a la formación, al servicio al cliente y a sus empleados que cualquier otra empresa de lavado de coches que yo conozca. La consecuencia es que los clientes vuelven y el negocio prospera. Su tasa de retención es cinco veces superior a la media del sector, y cada uno de sus establecimientos lava más autos y gana más dinero que la mayoría de sus competidores (industriales).

Si lo único que hace un túnel de lavado es lavar tu coche, elegirás el más cercano, barato y accesible. Es una carrera hacia el abismo.

Invertir demasiado tiempo y energía en tus trabajadores de primera línea resulta casi imposible. Son tu equipo de mercadotecnia y tus expertos en instalación y desmantelamiento. Darles libertad, autoridad y flexibilidad crea exactamente lo que tus clientes esperan de ti, y la lealtad de esos clientes paga con creces el compromiso adquirido con tus empleados. Las personas que están en primera línea son personas. Ellas son tu marca. Son la clave.

«La seguridad es lo primero» no es un compromiso, sino la base para todo lo demás. Antes de poder confiar, iterar o innovar, necesitamos saber que, en todo caso, vamos a estar bien. Solo entonces podremos elevar la vara y crecer. El amor y la relevancia van de la mano.

«El trabajo de servicio, para mí, para nosotros, no es un acto transaccional. No es un truco que empleamos para que la gente nos dé su dinero. Sí, por supuesto, un gran servicio tiene valor estratégico. Todos los días servimos con la convicción de que debemos volver a ganarnos la confianza de nuestros clientes y hacer que valga la pena que inviertan tiempo y dinero con nosotros. Sin embargo, en realidad, el servicio es una forma de habitar en el mundo».

ARI WEINZWEIG,
cofundador de Zingerman's

49. Enfocarse en el usuario extremo

En toda organización hay extremistas. Son los empleados, los clientes o los inversores que exigen más, pagan más, usan más, hablan más y comparten más. Estos usuarios extremos tienen grandes necesidades y ofrecen mayores beneficios. Son los mejores compradores; hablo de las personas con discapacidad, los inconformistas y los profesionales, en otras palabras, los comprometidos.

El Instituto de Diseño Hasso Plattner de Stanford (conocida como d.school) argumenta que centrarse en este tipo de perfiles enseña a la organización lecciones que funcionan para todos los usuarios. Esta filosofía es opuesta a la que defienden las típicas organizaciones industriales, que celebran perder a los extremistas si eso las ayuda a servir más fácilmente a las masas.

Céntrate en los talacheros, los motivados y los olvidados, y averigua qué necesitan para prosperar. Esa exploración revelará lo que otros también necesitan pero que no se toman la molestia de decir.

Cuando Rising Tide optimiza el flujo de trabajo para empleados autistas, también promueve el bienestar de sus empleados neurotípicos. Cuando d.light fabrica un producto para algunas de las familias más pobres del mundo, mejora su servicio para quienes tienen mayores privilegios. Cuando By the Way Bakery se centra en las personas que no comen trigo ni productos lácteos, termina construyendo una cocina y una producción más accesibles y atractivas para todos sus clientes.

50. Cuidado con los falsos indicadores

El trabajo humano es difícil de medir con precisión, a corto plazo. Es por eso que buscamos parámetros cuantificables y confiamos en ellos; por ejemplo, quién participa más en las reuniones, quién llega pronto o se va tarde, quién comete menos errores en su código o envía antes una confirmación a Github. Estos indicadores, junto con la habitual discriminación humana basada en el color de piel o el género, conducen a errores continuos y agravados.

Que algo sea fácil de medir no significa que sea exacto ni importante. Parte del reto de dirigir una organización trascendente y significativa es tener claros los indicadores correctos.

La gestión industrial exige que se realicen todas las mediciones fáciles porque únicamente se centra en la escala y el beneficio. Dado que la tecnología y la cultura han transformado el trabajo, tenemos la oportunidad de mirar más a fondo y descubrir qué es lo que realmente vale la pena medir, en vez de limitarnos solo a lo conveniente.

51. Adquirir resiliencia

Steven Pressfield nos enseñó que la resistencia es nuestra particular aversión natural a hacer un trabajo importante o creativo. Trabajaremos horas extra para evitar caer en sus garras.

Un trabajo trascendente implica asumir compromisos y mantenerlos. Generar cambios y traspasar las fronteras del camino que tenemos por delante requiere esfuerzo. Por eso, incluso escuchar el canto de la seguridad se torna difícil y avanzar puede convertirse en todo un reto.

En 2022, Maurice Mitchell publicó un brillante ensayo sobre la creación de organizaciones resilientes. En el escrito, describe algunas falacias sobre las tendencias empresariales, aplicables a todo equipo que pretende avanzar.

Hay razones legítimas por las que las organizaciones se topan con escollos. La fatiga provocada por la injusticia social y racial experimentada durante generaciones, combinada con el adoctrinamiento del industrialismo y la impotencia de reivindicar una meritocracia que no existe, hacen que nos cueste creer que tendremos la oportunidad de cambiar las cosas en el futuro. Las cuotas simbólicas y la demagogia no son la solución, y a veces lo más fácil es cejar en el intento de mejorar lo que se tiene. Ante una amenaza a nuestra seguridad, es fácil centrarse en reforzarla.

Pero ¿qué otra cosa podemos hacer? A las fuerzas que controlan el capitalismo industrial y el *statu quo* no les interesan nuestra necesidad personal de trascender ni nuestra capacidad de agencia, pero nos animan de buena gana si nos atascamos en tareas cortoplacistas.

Enseguida se mencionan algunas de las falacias que identifica Mitchell. Nuestros equipos deben ser conscientes de ellas si pretenden lograr un impacto:

Maximalismo

La trampa: «Si no es una solución perfecta al problema, es una traición a todo lo que defendemos».

Actitudes contrarias al liderazgo

«Dado que los directivos industriales han perjudicado a los trabajadores en el pasado, debemos evitar todo liderazgo, toda gestión y las limitaciones que comportan».

Sentimiento antinstitucional

«Como algunas instituciones pretenden marginar a otras y han vigilado a sus trabajadores, evitémoslas y socavémoslas todas. No creas ninguna de sus promesas».

Casas de cristal

«Si nuestra organización hace algo que no se ajusta del todo al modelo humanista de creación y resolución de problemas, entonces no tiene remedio».

La pequeña guerra

«No podemos resolver grandes conflictos del mundo exterior porque aquí mismo hay problemas que atender».

Atención desinteresada

«Vine por el significado y los sentimientos de posibilidad, alegría y conexión que me aporta. Eso se traduce en que la organización debe cubrir todas mis necesidades».

Desproporcionalidad

«Las pequeñas molestias que el equipo siente en este preciso momento son la cuestión más importante que hay que abordar».

Objetos brillantes

«Distraerse con los intereses individuales y personales es más emocionante y, en última instancia, más satisfactorio que el viaje más arduo al que nos apuntamos en primer lugar».

A menudo basta con nombrar las trampas en voz alta. Cuando aportamos nuestra humanidad al trabajo, cuando dejamos de ser un engranaje, corremos el riesgo de perder el enfoque compartido sobre el cambio que pretendemos hacer. Por eso las organizaciones centradas en el dinero parecen mucho más fáciles de gestionar.

El difícil trabajo de ser un líder puede empezar por comprender cuáles son las aportaciones de cada persona y cómo contribuyen a superar un reto. Estas trampas acechan bajo la superficie, pero cuando aparecen, podemos nombrarlas, reconocerlas y seguir adelante. Podemos reanudar el trabajo que vinimos a hacer.

El valor no es igual a la ausencia de miedo, sino la voluntad de emprender esas acciones que son tan importantes que vale la pena hacerlas incluso —y especialmente— cuando sentimos miedo. La vulnerabilidad en una conversación es el poder de hablar sobre lo que percibes y crees, incluso cuando tienes miedo. Es lo contrario de la debilidad.

52. El miedo es fácil

El miedo es una herramienta fácil, pero rara vez crea una organización sólida. Esto se debe a que es más útil como una herramienta para el cumplimiento: «La mejor manera de evitar que te despidan es que hagas lo que yo ordene». Lo único que tiene que hacer el jefe es despedir a unas cuantas personas para dejarlo bien claro. El problema es que hacer lo que ordena el jefe no es muy eficaz en un mundo complejo y que cambia con rapidez. Todos juntos somos más listos que cualquiera de nosotros por separado.

En cualquier campo donde las competencias sean valiosas y exista la opción de cambiar de trabajo, los empleados más valiosos poseen alternativas. Por eso, crear una cultura de miedo y vigilancia es un callejón sin salida. Un trabajo excelente crea más valor que un trabajo que se ajusta a la normativa.

53. Impactos en el futuro

Tom Peters cuenta la historia de un ejecutivo que intentaba decidir a cuál de sus dos directivos ascender. Afirma que su método era sencillo: revisar las carreras de todas las personas que habían trabajado para cada uno de ellos y luego, fijarse en las carreras de quienes aún trabajaban para esas personas…

La decisión resulta mucho más fácil cuando nos damos cuenta de que los líderes no son simplemente directivos con un título elegante. Los líderes están plantando las semillas para las generaciones de impacto venideras, independientemente de que esas personas trabajen para tu organización o para otra.

Lo que ocurra hoy en esa sala de conferencias cambiará a las personas que están allí… o no. Depende de quién haya convocado la reunión.

54. Labor, trabajo, y acción

La filósofa Hannah Arendt sostenía que los seres humanos tenemos tres formas de emplear nuestro tiempo: laborar para alimentarnos y sobrevivir, trabajar en un oficio del que nos sintamos orgullosos y participar en la acción de la organización y la posibilidad.

Durante un siglo, las masas han sido empujadas únicamente a desempeñar una labor, pero ¿qué sucede en un mundo de obreros cuando esta se compartimenta tanto, se mide tanto y se automatiza tanto que deja de ser necesaria, satisfactoria o útil?

Antes de que sea demasiado tarde, debemos reorientar nuestros esfuerzos hacia el trabajo y la acción.

55. Reubicar el centro

Copérnico nos ayudó a ver que el centro de nuestro sistema no era la Tierra, sino el Sol. Pasar a una visión heliocéntrica del universo cambió nuestra cultura. ¿Cuál es el centro de tu organización?

Milton Friedman sostenía que toda organización debe estar centrada en el beneficio y que su único trabajo consiste en maximizar el valor para el accionista. Otros sostienen que es posible centrarse en el consumidor, utilizando el servicio al cliente como indicador de beneficios. Si satisfacemos a los clientes, es más probable que aumenten los beneficios. El afán de lucro se pone de manifiesto cuando algunas empresas cambian la satisfacción del cliente por beneficios a corto plazo en cuanto alcanzan un tamaño determinado.

Las organizaciones trascendentes se centran en el equipo. Su objetivo es lograr un cambio, y hacerlo con y para un grupo de personas que buscan generar un impacto. Por eso la más mínima audiencia viable es el motor de la mercadotecnia en nuestro mundo moderno, y la implicación del equipo es mucho más valiosa que el hecho de que la organización sea un lugar conveniente para trabajar.

El propósito de una colmena no es hacer miel, pero la miel es un subproducto de una colmena sana. Una organización relevante puede complacer a sus clientes y obtener beneficios al mismo tiempo. Empieza por ganarse la adhesión y, acto seguido, trabaja para que se produzca el cambio.

56. Vuelve y tómalo

Sankofa es un término twi, un dialecto de la lengua akan de Ghana. Significa «vuelve y tómalo».

En el momento de agitación, cuando el canto del crecimiento nos empuja a encontrar significado, podemos volver a lo que funcionó tiempo atrás, volver al tipo de vida que teníamos antes de que el petróleo barato y el industrialismo cambiaran nuestras expectativas sobre cómo debíamos pasar nuestros días.

Podemos reivindicar nuestra naturaleza, la naturaleza humana, y tratar de reconectar y mejorar las cosas. Podemos encontrar y vivir con sentido si decidimos «volver y tomarlo». No es cómodo ni obvio ni fácil, pero es esencial y ya está ocurriendo a nuestro alrededor.

57. Crear las condiciones

La dignidad no se crea ni se otorga, pero puede reconocerse y amplificarse. Bill Strickland, fundador del Gremio de Artesanos de Manchester, dijo:

Incluso tenemos flores en el pasillo (y no son de plástico). Son de verdad y están en mi edificio todos los días. Y ahora que lo he contado en muchos discursos, han venido a verme varios directores de escuelas y me han dicho: "Sr. Strickland, qué historia tan extraordinaria y qué escuela tan estupenda. Nos conmovieron especialmente las flores y teníamos curiosidad por saber cómo habían llegado allí". Y yo les dije: "Bueno, subí a mi coche, fui al invernadero, las compré, las traje y las puse allí". No necesitas un equipo de trabajo ni un grupo de estudio para comprar flores para los niños. Lo que necesitas saber es que los niños y los adultos merecen flores en su vida. El coste es accesorio, pero el gesto es enorme. Y así, en mi edificio, que está lleno de luz solar y de flores, creemos en la esperanza y en las posibilidades humanas.

La escuela que Strickland fundó en 1968 sigue teniendo impacto, atendiendo a casi cuatro mil estudiantes al año en Pittsburgh. Casi doscientos mil graduados han seguido un camino más significativo gracias a que alguien se preocupó lo suficiente como para dejarlos crecer.

El compromiso, la conexión mutua, la federación, la dignidad reconocida y la senda del crecimiento son factores que, en conjunto, generan las condiciones para un camino potente y resiliente hacia el futuro.

No obstante, ignoramos que crear dichas condiciones depende de nosotros y que si no priorizamos este tema, volveremos a los modelos verticales de gestión y a las cínicas y bajas expectativas que estos conllevan.

58. La oportunidad de contribuir

Lo sorprendente del superéxito comercial *El almanaque del carbono* no es que haya sido creado por trescientos voluntarios en cinco meses, sino que eso sea motivo de sorpresa.

Coordiné dicho proyecto de forma voluntaria durante un año. No lo escribí ni lo diseñé ni lo edité. En cambio, creé un espacio donde cientos de personas de todo el mundo pudieron contribuir a voluntad. El resultado final es un libro premiado por su gran número de ventas alrededor del mundo, elaborado en un tiempo récord y sin errores importantes. Muchos miembros del equipo dicen que fue la experiencia laboral más importante de sus carreras. Creamos un libro, pero también marcamos la diferencia.

Hemos llegado a un punto en el que estamos transitando de la pregunta «¿Cómo consigo que mis empleados hagan lo que yo quiero?» al cuestionamiento «¿Cómo creo las condiciones para que el equipo pueda tener el impacto que desea?».

Ese es el «inter-es» de Hannah Arendt: el deseo de los seres humanos de tener un sitio en la mesa, un lugar donde puedan confluir, crear y producir sentido. Esta es la «palabra viva» de N. F. S. Grundtvig: nuestro deseo de conectar, de hablar y ser escuchados, en lugar de limitarnos a que una autoridad lejana nos diga lo que tenemos que hacer.

59. Lo que la gente quiere

La seguridad es lo primero. Es imposible crecer, conectar o liderar si estamos amenazados o sentimos que el suelo se mueve bajo nuestros pies. A continuación vienen la afiliación y el estatus, una danza alterna de emociones vagamente relacionadas. La afiliación consiste en formar parte de algo, encajar, estar conectado. El estatus es simplemente quién almuerza primero y cuál es nuestro lugar en el orden de las cosas. Sin embargo, el verdadero deseo es trascender, hacer algo que importe, que haga que se nos extrañe cuando nos vayamos. Es el deseo universal de alcanzar la dignidad y ser vistos.

Llegar a ser relevante y significativo implica desencadenar un cambio: influir en las personas o en el mundo que nos rodea de tal manera que si no hubiéramos estado ahí, sería un lugar diferente. Sin embargo, crear un cambio implica riesgo: el de vivir en la posibilidad y en la amenaza del fracaso —o del éxito.

Cuando nos enfrentamos a la posibilidad del cambio, surge la tensión. Esta es la sensación de querer estar en dos sitios a la vez. A menudo implica el deseo de permanecer en un lugar seguro, donde sabemos que todo seguirá como antes, en contraste con avanzar hacia el lugar de la importancia, donde podemos aumentar nuestra afiliación e incrementar o mantener nuestro estatus.

La tensión no es algo que debamos evitar. No se puede salir a la calle en un día soleado sin proyectar sombra y no se puede crear algo significativo ni relevante sin experimentar tensión. La tensión es aliada de la afiliación; es decir, del deseo de estar aquí y ahora. La afiliación voluntaria a una causa, no por dinero, sino por un beneficio emocional y cultural.

Nuestra labor como líderes —en contraposición con la de los gestores industriales— es así de clara: en lugar de amenazas y escasez, y en vez de vigilancia y control, tenemos la oportunidad de ayudar a las personas a ser trascendentes. Podemos sentar las bases de la seguridad y luego construir una cultura de afiliación y estatus donde el avance sea un beneficio en sí mismo, incluso más que el salario ofrecido.

El dinero no aporta suficiente motivación cuando se trata de crear la magia que necesita un equipo. Ese tipo de trabajo procede de fuerzas intrínsecas, no extrínsecas.

60. La innovación es una forma de resiliencia

El Museo Canadiense de Historia tiene en su colección una canoa tradicional de corteza. Con unos nueve metros de eslora, la nave es capaz de transportar más de mil kilos, repartidos entre personas y aparejos, y recorrer más de cincuenta kilómetros en un día.

Es difícil distinguir una canoa de corteza nueva de una antigua, pero cada una es única. Construidas con distintos materiales naturales, no hay una longitud, anchura, peso o forma estándares porque el resultado depende de la madera y del fabricante, no de un conjunto de planos.

Así es precisamente como bailamos con un cliente: con una nueva tecnología o con nuevas limitaciones de recursos. Los cortadores de galletas son ideales para las galletas, no pueden moldear a las personas.

La canoa rara vez era fabricada por una sola persona. Su fabricación era el trabajo de un clan, una familia o una aldea. Cada colaborador contribuía de manera efectiva: hacía el trabajo correspondiente, resultado de sus interacciones con sus compañeros y con los propios materiales.

Cada participante sabía que su labor debía relacionarse con el trabajo de los demás, pero nadie le decía a nadie exactamente qué debía hacer. No tenían que hacerlo: su compromiso mutuo creaba barcos con gran resistencia, reflejo de los materiales y las personas implicadas en su creación. Es nuestro barco, no el mío.

«Si nos unimos, nos damos la mano y nos apoyamos unos a otros, seremos más fuertes».

—

TODD LABRADOR,
maestro constructor de canoas

61. Lugares intermedios

Los directivos industriales nos dicen que estemos *aquí*, exactamente donde ellos dicen y cuando ellos dicen. Aquí, haciendo este trabajo: este trabajo predecible, medible y específico.

Sin embargo, los líderes pretenden ayudarnos a llegar hasta *allá*. Puede que no funcione, puede que no sea precisamente lo que esperábamos, pero allá es hacia donde nos dirigimos.

El limen es la piedra en el umbral de una puerta. Susan Beaumont llama a los lugares intermedios «el viaje del liderazgo liminal». Es emocionante, pero está lleno de luces y sombras, de baches y de puentes.

62. Y permanecemos

Ed Catmull, fundador de Pixar, nos recuerda: «Hay un punto dulce entre lo conocido y lo desconocido donde se produce la originalidad; la clave es ser capaz de permanecer ahí sin entrar en pánico».

Si todo lo que no sea *aquí* se considera incorrecto, peligroso o momentáneo, es difícil construir una organización relevante porque las de este tipo dedican la mayor parte de su tiempo y energía a moverse de donde estaban ayer. De hecho, la incertidumbre y la dislocación son sus objetivos, no sus inconvenientes temporales.

Un trabajo relevante nos exige estar en dos sitios a la vez. Nuestra labor consiste en reconocer la situación actual, al tiempo que nos esforzamos por cambiar las circunstancias y mejorar el bienestar de las personas a quienes servimos.

63. ¿Golf o surf?

«Todo estará bien cuando superemos esto» es un pensamiento bastante común. Sin embargo, quizá sea más útil recordarnos que «todo está bien ahora». Si definimos ese estado liminal como la normalidad, y la normalidad como el bienestar, lo habremos conseguido.

Todas las tarjetas de golf tienen un mapa del campo en el reverso. Cambiar la ubicación de los hoyos es un asunto importante que se delibera en reuniones y se supervisa. Un factor a tener en cuenta a la hora de planificar el juego es si llovió o no la semana anterior. Por otro lado, cada ola que ve un surfista es la primera y última de su clase. Nunca ha ocurrido antes y no se repetirá.

El golf es un viaje interminable y asintótico hacia la esquiva perfección. El surf, en cambio, consiste en orientarse. Un parque de surf que produce la misma ola de forma repetida puede ser útil para entrenar, pero no es surf. El surf es el trabajo liminal de la transición.

Es difícil hacer surf con un palo de golf.

64. Ojo con el embaucador

Lo liminal no solo implica cambio e incertidumbre. También está lleno de sombras y callejones sin salida. Por eso puede atraer a personas que no buscan trascendencia ni significado, sino precisamente lo contrario. Susan Beaumont nos advierte que nos cuidemos de los embaucadores:

Figuras peligrosas que, si bien parecen líderes carismáticos, son incapaces de vivir bien en comunidad. Los embaucadores fomentan la confusión y el caos sembrando la discordia. El embaucador es un maestro a la hora de enfrentar a las personas entre sí. La gente confunde la energía del embaucador con la dirección de un líder. Los embaucadores no pueden confiar ni son dignos de confianza. Son incapaces de dar y compartir o de participar como es debido en un proceso democrático. Sus comportamientos son casi siempre egoístas y carecen de un compromiso profundo con el bienestar de la organización.

La participación en el viaje, junto con la asunción de la cultura y las estructuras de la organización, se hacen cada vez más críticas a medida que aumentan la escala y el impacto del trabajo.

65. El dintel y el limen

Mientras que el limen es la piedra del umbral en la que nos detenemos, el dintel atraviesa la parte superior de la puerta, sosteniendo el techo sobre ella. A veces, tememos golpearnos la cabeza al pasar.

Así como el embaucador está ahí para darse cabezazos, el resto de nosotros solemos sentirnos inseguros, temerosos de saltar demasiado alto, de esforzarnos más de la cuenta o de encontrar una ola que no podamos abordar.

El líder que busca la trascendencia lo sabe y trabaja para que el viaje no solo sea posible, sino lo suficientemente atractivo como para que la gente lo emprenda con entusiasmo.

¿Qué le pedimos a la gente que haga? En Netflix, Reed Hastings no pidió a cada empleado que reinventara el funcionamiento de la industria cinematográfica por completo. En lugar de eso, él y su equipo dividieron el problema en muchos componentes pequeños, y luego diferentes grupos asumieron la responsabilidad de cada pieza.

Cada elemento del proyecto era muy difícil y desafiaba la estructura de una industria esclerótica, felizmente anclada en sus costumbres, y también a las leyes de la física, la estructura de Internet y los gigantes de las telecomunicaciones.

Nadie podría haber construido el sistema de transmisión en directo de Netflix por sí solo, pero en grupo, como bien puedes comprobar cualquier noche de la semana, fue un proyecto factible.

El líder no tiene por qué ser capaz de llevar a cabo todas las partes de un proyecto, simplemente debe averiguar cómo reunir un equipo que sí lo haga.

66. El trabajo significativo es un trabajo de proyecto

Un trabajo repetitivo, fácil de medir y sistemático se presta a la industrialización. Además, se presiona para abaratarlo. Sin embargo, cuando pensamos en los momentos importantes de nuestra vida laboral, pensamos en proyectos.

Existe un comienzo lleno de posibilidades, un desarrollo con retos y reflexiones, y un final agridulce con recuerdos sobre lo que hicimos y con quién lo hicimos, junto con ideas sobre cómo hacerlo mejor la próxima vez.

Puede ser tratar a un paciente, poner un nuevo plato en el menú o lanzar una nueva empresa. La escala no es tan importante como el ritmo.

La estabilidad que aporta la coherencia del día a día es necesaria, pero el verdadero significado se encuentra en los proyectos tanto grandes como pequeños.

67. Trabajo por realizar

Si el trabajo se puede poner en fila, procesar de forma automatizada e inspeccionar en busca de defectos, entonces se beneficia de la gestión industrial. Pero si el trabajo implica novedad, innovación, discernimiento, juicio o cuidado, entonces la gestión industrial es un pobre sustituto del compromiso, la habilidad y el liderazgo. ¿Qué tipo de trabajo necesitas que se haga?

Lo que hacemos no son microaplicaciones, lo que hacemos es decidir. Y el ritmo de toma de decisiones sigue aumentando. Aumenta porque nuestro tiempo de respuesta ha disminuido, al igual que el ritmo de los ciclos de nuestros competidores. Todos estamos en un continuo esprint, incrementando exponencialmente la velocidad a la que corremos. En lugar de una reunión semanal, tenemos un mensaje en Slack que permanece tres minutos antes de que alguien se haga cargo y lo responda. Y una vez que respondemos, nuestro cliente o competidor responde a su vez, exigiendo una nueva decisión.

Un estudio creativo puede producir miles de diseños diferentes, venderlos a miles de millones de personas y competir con miles de otras empresas de diseño. Cada nodo de la red, cada tictac del reloj, cada persona en el hilo conduce a una nueva decisión. Una organización autocrática y centralizada no puede seguir el ritmo.

Los sistemas abiertos que se convierten en redes de líderes inscritos siempre superarán a la bandeja de entrada FIFO.

68. Kathrin Jansen salvó el mundo

El virólogo Paul Offit dijo una vez: «Quienes piensan que las empresas farmacéuticas son malvadas deberían pasar tiempo con personas como Kathrin Jansen».

Es posible que mil millones de seres humanos hayan sobrevivido a la pandemia gracias al trabajo que dirigió Jansen. Su equipo de 650 investigadores, en colaboración con grupos de Europa, Sudamérica, Asia y África, consiguió crear una vacuna contra la covid-19 en cuestión de meses, mucho más rápido de lo que se ha creado cualquier otra vacuna —un proceso que, por lo general, requiere años.

Edward Scolnick, antiguo jefe de investigación de Merck, afirmó: «Es intrépida a la hora de emprender cualquier proyecto que considere importante, y no teme sumergirse en él y averiguar lo que hay que hacer. En la industria no siempre es así, porque muchos proyectos fracasan y, en ese escenario, la gente se preocupa por su trabajo. Que puedan ser degradados, despedidos, pasados por alto. Ella no se plantea nada de eso».

Anteriormente, Jansen ayudó a crear la vacuna más vendida del mundo, Prevnar 13, que previene enfermedades respiratorias en niños y personas de la tercera edad. También se empeñó —a pesar de enfrentar un gran escepticismo— en dirigir el equipo que desarrolló la vacuna Gardasil contra el virus del papiloma humano, que acabará salvando a millones de personas del cáncer.

No es el trabajo de un científico solitario ni de un genio aislado en su laboratorio. Por el contrario, Jansen triunfa donde otros han fracasado conectando a su equipo, protegiéndolo de la política, exigiendo datos rigurosos y de alta calidad, y estableciendo compromisos y afiliación.

Todas las vacunas en las que ha trabajado se cancelaron cuando los resultados no parecían prometedores. Muchas de ellas terminaron fracasando. «Cuando estás realmente convencida de algo y tienes la intuición de que puedes estar en el buen camino, creo que es vital mantenerte firme», escribió.

Asumir la responsabilidad y repartir el mérito. Özlem Türeci y Ugur Sahin son pioneros del ARNm y trabajan en una empresa que no forma parte de Pfizer. Cuando se pusieron en contacto con Jansen sabían que el crédito no iba a ser un problema y que la colaboración era posible.

Unas semanas más tarde, cuando las primeras variaciones de la vacuna estaban listas para las pruebas, el doctor Mark Mulligan, de la Universidad de Nueva York, ofreció sus instalaciones para la fase de ensayos públicos. Él comentó: «He trabajado en vacunas contra el vih/sida, el zika y el ébola. Así que este es realmente el momento de lanzarnos y decir: "Está bien, hagámoslo. Intentemos ser parte de la solución"».

En palabras de Jansen: «Podemos llamarlo milagro. Sin embargo, la connotación de milagro siempre implica que algo ocurrió por ensalmo. Este no es el caso, ¿no es así? Fue algo deliberado».

69. «Mi estómago no sabe que mi bolsillo está vacío»

Sathya Raghu Mokkapati creció en el sur de la India. Un día, se encontró con un hombre sentado a la orilla de un río, comiendo barro. Alarmado, le preguntó por qué hacía eso.

El hombre era un agricultor cuyas cosechas habían fracasado. Esta circunstancia implicaba que él y su familia pasarían hambre, pues se enfrentaba a la realidad de que la mayoría de los pequeños productores agrícolas del planeta solo disponen de tierra suficiente para alimentarse —una extensión que equivale a unos tres campos de futbol.

Aquel encuentro llevó a Mokkapati a emprender acciones al respecto. Hizo falta la cooperación de investigadores de seis países, junto con las aportaciones e innovaciones de decenas de agricultores de la India, además de patrocinadores de Nueva York, San Francisco y otras partes del mundo.

Juntos crearon Kheyti, un invernadero sencillo y eficaz. Los resultados son asombrosos. Las plantas que se cultivan ahí necesitan un 98% menos de agua, el rendimiento es siete veces mayor, los ingresos de los agricultores se duplican y el coste es sorprendentemente bajo. Es una nueva tecnología probada y fácilmente escalable.

Damos demasiado crédito al genio inventor en solitario, cuando lo que realmente cambia el mundo son los grupos de personas conectadas en torno a proyectos significativos.

Kheyti no supone un avance técnico. Es un desarrollo sistémico: es la forma como se integran las entradas y salidas, los agricultores y los cultivos, los proveedores y los clientes. El trabajo duro consistió en establecer la red adecuada, coordinar sus objetivos y averiguar cuándo decir «sí» o «volvamos a intentarlo». El trabajo de los sistemas es trabajo de las personas.

70. James Daunt salvó la librería

Excepto que no lo hizo (no por sí solo). Primero salvó Waterstone's, una de las mayores cadenas del Reino Unido. Ahora está salvando Barnes & Noble. En 2022, por primera vez en años, la cadena abrió nuevas tiendas y las ventas de libros aumentaron.

¿El secreto? «El personal controla ahora sus propias tiendas. Esperamos que disfruten más su trabajo. Están creando algo muy diferente en cada librería», afirma él.

Daunt creó las condiciones para que las personas comprometidas pudieran hacer un trabajo del que se sintieran orgullosas. Rechazó los sobornos de los editores y el dinero de las cooperativas y desafió a los empleados que amaban los libros a elegir y promocionar aquellos que les gustaban.

Este es un ejemplo de *estigmergia*, no de autoorganización, sino de una empresa que se escucha a sí misma, se dirige en conjunto y crea resiliencia abrazando los extremos, no simplemente el centro.

Las abejas no se autoorganizan, solo están organizadas. Son conscientes de lo que hacen las demás abejas y del papel que cada una desempeña en el viaje de la colmena. Tienen una cultura de conciencia entre iguales sin imposiciones jerárquicas. Lo mismo sucede con las organizaciones humanas resilientes y descentralizadas.

Parece obvio, pero es raro, porque significa renunciar a la sensación de control. Claro que controlar una cadena de tiendas que va mal tampoco es muy divertido.

71. ¿Adónde va el agua?

Al remar en una canoa, notarás que se forman pequeños remolinos cuando el remo retrocede y la canoa avanza. Entonces, cuando empujas el agua hacia atrás, ¿adónde va?

La respuesta no es tan sencilla como parece. El agua no puede ir hacia atrás porque eso significaría que tu remo empuja el agua que toca y que, a su vez, esa agua empuja la que se encuentra detrás y el empuje continúa hasta la orilla. Cada brazada tendría que mover veintitrés mil litros de agua.

De hecho, el agua no va a ninguna parte. Nosotros somos quienes nos movemos. El agua es una sustancia tan pesada, que es parecida a una masa sólida. Utilizamos el agua para impulsarnos y mover nuestra embarcación.

Nosotros no cambiamos mucho el lago. El lago responde a nuestro esfuerzo cambiándonos a nosotros.

72. Rellenar los espacios en blanco

Cuando Joni Mitchell estaba grabando su exitoso disco *Mingus,* trabajó con Jaco Pastorius y Herbie Hancock. Herbie le preguntó a Jaco si debían tocar la música tal y como estaba escrita. «Él quiere que pintes. Eso es algo que puedes hacer, Herbie. *Pintar*». Jaco y Herbie aportaron genialidad a ese disco y Joni, las agallas de proporcionarles grandes espacios en blanco donde pintar.

El trabajo del líder de una banda es encontrar grandes músicos. Y si quieres ser un gran músico, vale la pena encontrar un líder que te deje pintar.

Los compromisos

El miedo a no ser queridos nos aísla; sin embargo, es precisamente por el aislamiento que pensamos que no nos quieren.

GABRIELLE ZEVIN

73. El nuevo modelo de trabajo es recíproco

Una organización trascendente necesita empleados que participen en el viaje y que estén dispuestos a hacer este tipo de trabajo. A su vez, los empleados que están dispuestos a hacer este tipo de trabajo necesitan una organización que no vuelva a una mentalidad de gestión industrial sin consideración por las personas que la construyeron. El círculo vicioso es obvio. No se puede tener una cosa sin la otra, pero todo el mundo duda al momento de dar el primer salto.

Dado que el número de personas que desean comprometerse es mucho mayor que el número de organizaciones dispuestas a cumplir esos compromisos, creo que la organización debe tomar la delantera y no solo establecer los compromisos, sino llevarlos a cabo incluso cuando sea difícil —y especialmente en ese momento—. Al mismo tiempo, los empleados de la organización tienen que abrazar el viaje. Cumplir mil pequeños compromisos de uno en uno no parece gran cosa, pero representa un viaje de ida hacia otra forma de actuar. La capacidad de agencia siempre conlleva responsabilidades.

La cocina de un gran restaurante no necesita un chef que inspeccione cada plato y cada ingrediente, pues el equipo es dueño de la calidad de lo que se sirve. Una cocina dirigida por un fanático del control puede brillar durante un tiempo, pero acabará mal de forma inevitable. O el personal comprometido y cualificado encontrará una cocina que lo respete, o sucumbirá a la microgestión y terminará por dejar de importarle.

La insatisfacción laboral se basa en una mentira. A los trabajadores se les promete algo que antes se les brindaba —un sentido del propósito—, pero que ya no existe en la mayoría de las organizaciones. Cuando reconstruimos el trabajo buscando la trascendencia, reformulamos la promesa. Exigimos a los jefes que produzcan una serie diferente de reglas e invitamos a los trabajadores a aportar diferentes expectativas, energía y compromiso a sus puestos de trabajo.

Algunos empleos (muchos de ellos) seguirán siendo industriales. Siempre habrá trabajos —y organizaciones— que realicen una labor que solo pueda llevarse a cabo mediante una gestión basada en la autoridad. No van a desaparecer. Sin embargo, no debemos pretender que todos los trabajos sean así ni debemos animar a alguien a aceptar un trabajo industrial pensando que le permitirá desarrollarse como persona. Seamos realistas o no juguemos.

74. Compromisos significativos

- Estamos aquí para realizar un cambio.
- Actuamos con propósito.
- Creemos que vale la pena invertir en dignidad.
- Entendemos que tensión no es lo mismo que estrés.

- Aceptamos que los errores construyen el camino.
- Asumimos la responsabilidad y reconocemos el mérito.
- Aportamos una crítica al trabajo, no al trabajador.
- Aceptamos la rotación.
- Esperamos respeto mutuo.
- Optamos por decidir hacer algo en lugar de tener que hacerlo.
- Nos apegamos a las normas en vez de a la obediencia ciega.
- Leemos.
- Mostramos nuestro trabajo.
- Mejoramos.
- Celebramos las habilidades reales.

75. Estamos aquí para realizar un cambio

Cuando se lanza un nuevo producto, se comunica un anuncio o se convoca a una reunión, debemos tener claro por qué.

Nuestro trabajo consiste en generar un cambio, en mejorar las cosas, en presentar un proyecto que compense el esfuerzo que nos costó crearlo. El beneficio puede ser un subproducto de nuestro trabajo, pero no es la única forma de medir su éxito.

Nombra el cambio. Ten claridad sobre el quién, el porqué y el cómo.

Dado que el cambio es la métrica, tenemos que reconocer el «quién». No podemos —ni siquiera queremos— cambiar a todo el mundo, así que «¿para quién es el cambio?» es una pregunta que vale la pena hacerse.

Si seguimos midiendo las cosas equivocadas, seguiremos obteniendo lo que no queremos.

76. Actuamos con propósito

En lugar de guiarnos por las frases «Me limito a hacer mi trabajo» o «¿Es esto lo que quiere el jefe?», nos comprometemos a infundir propósito en nuestras decisiones, métricas e interacciones.

Cada reunión debe durar exactamente el tiempo necesario para cumplir su propósito. Si una reunión no tiene una intención, debe cancelarse. Los comportamientos que menoscaban la misión de la empresa tienen más probabilidades de desaparecer si nos obligamos a anunciar nuestras intenciones.

77. Creemos que vale la pena invertir en dignidad

Más que un aumento de sueldo, la gente busca un lugar a donde pertenecer, un sitio donde ver y ser vista, y donde hacer su trabajo de un modo que la enorgullezca.

Cuando un director general ejerce el poder por el simple placer de hacerlo, cuando un matón de oficina refuerza los roles de estatus por motivos egoístas y cuando se despersonaliza el trabajo, despojamos a las personas de su dignidad. Entonces, el propósito se marchita y muere.

Los industriales neoliberales, partidarios del libre mercado y de la búsqueda de beneficios, abrazan la brutalidad al servicio de simples métricas. Sostienen que ignorar o sustituir a quienes se interponen en el camino de las fuerzas del mercado beneficia a más personas. No obstante, este análisis pasa por alto el valor fundamental de la contribución y el compromiso humanos. Cuando las personas se sienten vistas y se les da la oportunidad de marcar la diferencia, suelen hacerlo.

Apoyar la dignidad humana no solo es una obligación moral, sino también una ventaja competitiva.

78. Entendemos que tensión no es lo mismo que estrés

El estrés es la desafortunada sensación de querer dos cosas al mismo tiempo: quedarse e irse, hablar y callar, hacer esto y aquello. Cuando estamos estresados, nuestro cerebro mina nuestro bienestar y es poco probable que encontremos fluidez, alegría o relevancia.

Y ¿qué hay de la tensión? La tensión es el sentimiento que impulsa el avance. La tensión es un síntoma de la Resistencia de Pressfield. La tensión es una cuenta regresiva, un plazo o un presupuesto. La tensión es el proceso de encontrar la respuesta a un enigma o la pregunta que abre una posibilidad.

Sabemos cómo aliviar la tensión, ya sea con tranquilidad, tiempo o aislamiento. Podemos mimar a nuestros invitados, reducir nuestras exigencias o conformarnos con lo ordinario, pero la tensión siempre acompaña al cambio, y el cambio es el sello distintivo de la trascendencia.

La tensión es buena, es una señal de que perseguimos un propósito. También es una herramienta, podemos utilizarla para cambiar las cosas.

79. Aceptamos que los errores construyen el camino

Tomamos decisiones. Identificamos problemas y los resolvemos. Entregamos el trabajo y hacemos realidad el cambio. Nada de esto está predeterminado, nada de esto está en un manual y nada de esto se ha hecho antes. Precisamente por eso tiene valor.

La búsqueda de caminos es el núcleo de la creación basada en el sentido y encontrar el camino es, en gran medida, el ejercicio de tropezar con rutas equivocadas hasta que la correcta se hace evidente. Eso no significa que seamos descuidados. De hecho, es precisamente lo contrario. Hay un rigor en esta exploración, hay una forma no aleatoria de explorar las posibilidades.

Tampoco significa que entreguemos un trabajo mal hecho. Podemos cometer errores juntos, en privado y con frecuencia, probando, midiendo y mejorando. Y entonces enviamos el trabajo: un trabajo del que estamos orgullosos. Lo entregamos a personas que lo valoran y empezamos de nuevo. Si no estás haciendo cosas que no funcionan, no te estás esforzando lo suficiente.

Un paréntesis sobre las abejas exploradoras

Cuando una colmena enjambra, más de diez mil abejas se reúnen en un árbol formando una bola compacta. A partir de ese momento tienen unos tres días —dependiendo del clima— para encontrar un árbol hueco u otro sitio adecuado para albergar una nueva colmena. En cuanto el enjambre aterriza, cientos de abejas salen a explorar. Pueden cubrir unos 50 km^2 de territorio en una sola tarde.

Cada abeja exploradora visita varios lugares hasta que encuentra uno que vale la pena presentar a la colonia. Después, vuelve con las demás y baila para indicar con su aleteo su entusiasmo por el lugar encontrado y dónde se encuentra. En cuestión de minutos, otras abejas viajan al sitio y vuelven para dar sus opiniones.

Al cabo de uno o dos días, las exploradoras visitan cientos de sitios. A pesar de esto, ninguna logra inspeccionarlos todos. Después, de manera unánime, la colmena selecciona un lugar, despega del árbol en una densa nube y se muda.

Casi todas las abejas visitan sitios que no son ideales ni son los elegidos, pero ninguna de ellas comete un error imperdonable. De hecho, son todas esas visitas aparentemente desperdiciadas las que conducen a la supervivencia de la colmena. La decisión, aunque unánime, puede no haber sido perfecta, pero la perfección no es el objetivo. El objetivo es encontrar una buena colmena en el tiempo disponible.

80. Asumimos la responsabilidad y reconocemos el mérito

La coacción y el control del trabajo industrial se manifiestan en el organigrama y la autoridad formal. Diriges a las personas diciéndoles lo que tienen que hacer y lo haces porque tu jefe te dio la autoridad; sin embargo, el organigrama es frágil y puede generar tres problemas:

1. Las personas que se limitan a ejercer sus funciones pueden terminar haciendo un trabajo horrible. Cuando pedimos a los empleados que suspendan su propio juicio y se limiten a seguir las órdenes del jefe, depositamos toda la confianza en que una persona con poder ejerza control sobre las demás.

2. Sin embargo, negarse al simple «cumplimiento de órdenes» no siempre implica la comisión de un delito. Podría tratarse de un avión abandonado en la pista durante horas sin prestar atención a los pasajeros o de una empresa que se limita a esperar, en silencio, las instrucciones del jefe sin tomar iniciativa.

3. La toma de decisiones centralizada suele ser lenta e ineficaz al momento de ofrecer acciones y soluciones a las necesidades de los clientes descentralizados, sobre todo en entornos de rápida evolución. Si los trabajadores no son capaces de actuar sin dirección, no actuarán en absoluto.

La alternativa es crear una cultura basada en la asunción de responsabilidades. Aunque la mayoría de las organizaciones están dispuestas a delegar tareas a cualquiera que esté dispuesto a asumirlas, es imperativo que todos aprendamos a fomentar el liderazgo y la acción positiva, sin importar nuestro cargo o posición en el organigrama.

Y el compañero de la asunción de responsabilidades es, inexorablemente, la atribución de méritos. Cuando ofrecemos a los demás la posibilidad de brillar es más probable que conecten, se apunten al viaje y participen cada vez que surja la oportunidad.

81. Aportamos una crítica al trabajo, no al trabajador

Es fácil de decir y sorprendentemente difícil de hacer.

Desde nuestra más tierna infancia, la crítica se personaliza. Hace falta paciencia y sabiduría para separar el proyecto de la persona que lo creó, y el atajo de los ataques personales se utiliza con mucha frecuencia. Como resultado, dudamos a la hora de enviar un proyecto, de responder al trabajo de los demás y, sobre todo, de buscar retroalimentación. Esta se percibe como una crítica, y la crítica nos genera un gran rechazo. La clave radica en reconocer que las opiniones son regalos. Cuando la retroalimentación es una crítica generosa y útil no tiene precio.

Las organizaciones que entienden cómo mejorar el trabajo sin menoscabar al trabajador crean mayor valor. En un entorno de trabajo tradicional, la retroalimentación y la crítica son percibidas como amenazas. No es de extrañar que temamos al jefe, la supervisión semanal y a reaccionar durante una reunión. Si la crítica es dar un paso hacia el despido —o simplemente es la sensación de que podrían despedirnos—, evitarla es un instinto natural.

Desde jóvenes nos adoctrinan a menudo para que evitemos activamente la retroalimentación: «Agacha la cabeza y todo irá bien». Sin embargo, la crítica que realmente importa está en el mercado. Si hacemos algo que funciona para nuestros clientes, tenemos la oportunidad de repetirlo.

Conducir un auto sin recibir retroalimentación es imposible. Necesitas sentir la carretera, ver los límites de la banqueta, darte cuenta de que cruzaste la doble línea amarilla. Lo mismo ocurre con el trabajo que consiste en realizar cambios en nombre de los demás. Escuchar la crítica —del mercado y de nuestros compañeros— es la única forma de mejorarlo. Sin embargo, una opinión útil no es lo mismo que una crítica personal. Lo que nos debe importar es el cambio que se genera, no quién hizo el trabajo.

82. Aceptamos la rotación

Los empresarios industriales llevan mucho tiempo luchando contra la rotación de personal. No quieren que los empleados busquen un trabajo mejor, que se involucren en otros proyectos o incluso que lleguen a creer que tienen capacidad para pedir más. Los despidos les resultan adecuados porque son ellos quienes deciden. Pero si alguien, sobre todo una estrella emergente, se marcha por voluntad propia, su poder se ve amenazado. Además de una pérdida de control, cuando alguien se va, el jefe ve cómo toda la formación y la experiencia salen por la puerta.

Un mandato moral contra la rotación de personal aumenta el poder del directivo industrial, y le da más peso e influencia a la hora de exigir que se cumplan sus directrices. Así, creamos una cultura donde un trabajador tiene que explicar por qué tiene tantos empleos en su currículum, donde el imperioso jefe puede criticar a los empleados a su antojo, pero donde no se espera que ningún empleado hable en defensa de sus colegas —o de sí mismo.

Sin embargo, la economía bajo demanda o *gig* ha cambiado esta situación. Cuando los gigantes industriales rompieron el contrato social y dejaron de ofrecer empleos de larga duración, los empleados respondieron tomando cartas en el asunto. Los trabajadores autónomos, los independientes y los temporales descubrieron que pueden tejer una carrera profesional que no está atada a los caprichos de un jefe.

Para que haya significado es necesario que exista una implicación mutua en el viaje. Si tanto los trabajadores como los jefes deben participar activamente en la producción de valor, entonces la rotación es en verdad esencial.

Si este autobús no va donde quieres ir, hoy es un buen día para que te bajes. Las alternativas son tener empleados descontentos o establecer una cultura de hacer el trabajo, proteger el territorio y avanzar a través de la incertidumbre. La pandemia nos recordó a todos que todo es un proyecto, que cada día es precioso y que solo hay un mañana.

Si ya vivimos en una cultura de trabajo bajo demanda, aceptarla es productivo. Podemos decir a cada postulante: «Únete a nosotros si te funciona, déjanos cuando no. Y si te vas con más conocimientos que cuando viniste, eso significa que nos hicimos un bien mutuo».

Animar a los empleados a mantener actualizadas sus hojas de vida y perfiles de Linkedin garantiza que forman parte del equipo por su voluntad y no porque creen que no tienen más opciones.

83. Esperamos respeto mutuo

El respeto no es una excepción: no está reservado a los trabajadores de alto rendimiento, no se suspende cuando hay un trimestre difícil ni una emergencia de transporte. Los acosadores no son bienvenidos porque el acoso asesina la conexión.

Todos los miembros del equipo, todas las partes interesadas, todos los clientes —incluso los difíciles— gozan del beneficio de la duda. Todos los seres humanos con quienes interactuamos saben que son dignos de nuestro respeto. Y viceversa: todos los miembros del equipo tienen derecho a ser respetados por las personas con las que decidimos trabajar. Cuando un cliente, un inversor o un jefe decide ignorar este principio, deja *de facto* de ser relevante.

Una institución no puede servir ni colaborar con quienes se niegan a ofrecer respeto en reciprocidad. La trascendencia es una elección y se basa en el respeto.

84. Optamos por decidir hacer algo en lugar de tener que hacerlo

En 2022, tras un año de planificación, Justin Fornal hizo algo extraordinario. Se lanzó a un agua de apenas 1 °C y nadó más de 11 km por el estrecho de Nare, entre Canadá y Groenlandia. Su comida se pudrió durante el viaje. Su único salvavidas —un kayak plegable— estuvo a punto de hundirse al chocar con grandes placas de hielo. Su traje de neopreno se congeló y los témpanos interferían en cada brazada. Y, a pesar de todo, nadó. No lo hizo porque fuera su trabajo, sino porque era su elección.

La oportunidad que nos brinda un trabajo relevante es la de ponernos en marcha porque podemos, no porque nos lo ordenen. Emprendemos el viaje y asumimos con entusiasmo la responsabilidad de lo que suceda a continuación.

Cuando se impone un régimen de obediencia, cumplimiento y de «tengo que», nuestras razones para preocuparnos por lo que hacemos se evaporan. Antes bien, tratamos de hacer lo mínimo para evitar los castigos, sin explorar lo que podría ser posible.

85. Nos apegamos a las normas en vez de a la obediencia ciega

Es poco probable que realicemos un trabajo significativo en un entorno sin normas. Necesitamos referencias de calidad externas, coherentes y mensurables. Podemos establecer expectativas para nuestro trabajo y cumplirlas.

Sin embargo, eso no es lo mismo que obedecer. La obediencia es personal, está impulsada por el estatus y es poco consistente. Es un fin en sí mismo, es un método para que el jefe se asegure de que los empleados hacen lo que se les dice, independientemente de si importa o no.

Si hacemos el trabajo cuando el jefe no está mirando, estamos cumpliendo las normas. Si nuestro comportamiento cambia en función de que nos vigilen o no, es simplemente porque nos han acosado para que toleremos la prestación de obediencia.

La obediencia gira en torno a la pasión o el poder del directivo. Las normas giran en torno a los valores de la institución.

«Seguir tu pasión es un lujo.
Seguir tus valores es una necesidad.

La pasión es un imán voluble:
te atrae hacia tus intereses actuales.
Los valores son una brújula firme:
te orientan hacia un propósito de vida.

*La pasión proporciona alegría inmediata.
Los valores proporcionan un significado
duradero».*

———

ADAM GRANT

86. Leemos

Si no estás tomando decisiones, no tiene mucho sentido que entiendas los sistemas, las aportaciones y los factores clave de tu trabajo. Puedes limitarte a hacer lo que te ordenen.

La ignorancia ciega puede ser una insignia de honor para el empleado obediente: «No me pagan por pensar». Por otro lado, la ignorancia consciente tiene sus ventajas. Al fin y al cabo, si no piensas, en realidad no eres responsable de tus actos.

En una organización trascendente, cada persona es un elemento vital que aporta visión humana, atención y compromiso al trabajo que realiza. En este entorno, no hay espacio para alguien que únicamente se limite a cumplir.

A medida que implementamos cambios, las reglas se alteran y las transformaciones se agravan. Una parte fundamental del trabajo consiste en leer y comprender las fuerzas implicadas. No se trata de limitarse a leer un libro, sino de comprender lo que preocupa a los demás. Todo está documentado, compartido y analizado.

En Automattic, la casa de Wordpress, su fundador, Matt Mullenweg, dice que existe una cultura de «lectura y escritura». Se cuenta con una plantilla totalmente distribuida, hay muy pocas reuniones y se envían muy pocos mensajes uno a uno por correo electrónico privado. No obstante, se espera que los trabajadores entiendan lo que viene de antes, que lean el hilo, que contribuyan a las conversaciones escritas y que tomen decisiones. A cambio, obtienen capacidad de agencia, respeto y relevancia.

87. Mostramos nuestro trabajo

El paso siguiente es mostrar tu trabajo. Hazlo para que otros lo lean y aprendan de él.

Durante las legendarias dos décadas en las que Hewlett-Packard pasó de ser dos hombres en un garaje a una empresa líder en tecnología, el protocolo estándar se resumía en la siguiente frase: «Deja tus cuadernos de trabajo abiertos en la mesa cuando te vayas por la noche».

Tu opinión no es tan importante como la forma en la que tomaste una decisión. Tu lugar en la jerarquía no importa si no puedes mostrar tu trabajo. Al exponer claramente nuestras intenciones, métodos y medidas, puede parecer que nos abrimos a la crítica, pero en realidad, estamos exponiendo nuestro trabajo para que lo mejoren, lo cual no podría ser más distinto. Cuando tu trabajo mejora, también lo hace tu reputación y, con ella, tus opciones y tu estatus.

No nos subimos a un avión o conducimos a través de un puente solo porque alguien en el poder nos garantizó que era seguro. Lo hacemos con tranquilidad porque la cultura de la ingeniería exige que los profesionales compartan su trabajo y la forma como lo hicieron. Si estás construyendo un proyecto, ¿para qué eludir la oportunidad de mejorarlo?

88. Mejoramos

Los estudios demuestran que cuando se pregunta a la gente de cualquier parte del mundo: «¿Cómo podría ser esto diferente?», más del 90 % de los encuestados sugieren ideas para mejorarlo.

Está en nuestra naturaleza mejorar las cosas, sin importar que las hayamos diseñado nosotros o alguien más —o quizá, precisamente, porque las hicieron terceras personas. Existen tres sencillos pasos:

1. Lee
2. Mejora
3. Muestra tu trabajo

Una vez que tenemos claro para qué sirve el diseño, tenemos la oportunidad de mejorarlo. No sucederá al compartir nuestra opinión ni al hacer valer nuestra posición jerárquica, sino al mostrar formas de mejorar objetivamente el trabajo que existe.

Así es como comienzan y continúan las cadenas aumentativas de mejora. Si encuentras un trozo de basura, recógelo. Puedes hacer algo con él.

89. Celebramos las habilidades reales

Insistimos en contratar y capacitar a los empleados como si estuviéramos integrando un equipo de boliche, como si lo único que importara fueran aptitudes fáciles de medir. ¿Qué hace fracasar a las organizaciones de éxito? ¿Qué hace que las acciones se desvanezcan, que las innovaciones se ralenticen, que los clientes abandonen el barco?

Podemos convenir en que ciertas habilidades son esenciales. Contratar a programadores que no saben programar, vendedores que no saben vender o arquitectos que no saben diseñar es un desperdicio. No obstante, estas competencias —llamémoslas profesionales— se han convertido en la espina dorsal del proceso de contratación. Entonces, ¿cómo se explica que organizaciones similares, con personas de cualificación profesional similar, posean resultados tan distintos?

La mayoría de los libros de texto que estudian los alumnos y los exámenes que hacen abordan habilidades profesionales que representan las casillas que se deben marcar para conseguir un trabajo. Al definir de forma errónea lo que significa *profesional* y centrarnos en estas competencias supuestamente esenciales, restamos valor a las competencias que importan. No respetamos lo suficiente las otras competencias cuando las llamamos «blandas» y damos a entender que son opcionales.

Lo que realmente separa a las organizaciones prósperas de las que tienen dificultades son las actitudes, los procesos y las percepciones difícilmente mensurables de las personas que hacen el trabajo. La cultura siempre derrota a la estrategia. Las habilidades mensurables sin actitudes productivas no sirven para gran cosa.

Y sin embargo…

Las organizaciones dedican mucho tiempo a medir las habilidades profesionales porque pueden hacerlo, porque cien años de historia las avalan y, sobre todo, porque es seguro. No es personal, sino un asunto de negocios. Sabemos medir la velocidad de la mecanografía, pero nos cuesta mucho más medir la pasión o el compromiso.

Las organizaciones evalúan a diario el rendimiento de las habilidades profesionales y dejan el resto para la revisión anual, si es que lo miden. Las organizaciones contratan y despiden desde tiempo inmemorial basándose en el rendimiento de las aptitudes profesionales, pero en la práctica necesitan la intervención del consejo directivo para deshacerse de un negativista, un prepotente o un perezoso —si resulta que es bueno en algo medible.

Si te preguntas por qué no se materializan las oportunidades que buscas, quizá valga la pena fijarte bien no en las habilidades que son fáciles de medir, sino en las que es importante tener.

Seamos realistas

---

*Nuevas competencias
para una forma de trabajar*

*Tienes el don, pero parece
que estás esperando algo.*

THE ORACLE

90. Las competencias reales son el camino

Si un empleado se llevara a casa una computadora de la empresa, cada día, harías que lo arrestaran o, como mínimo, que lo despidieran. Si tu contador malversara dinero todos los meses, harías lo mismo.

Pero cuando un empleado desmoraliza a los demás y socava un proyecto, o un miembro del equipo se desentiende y no contribuye como debe o cuando un abusón hace que futuras estrellas abandonen la empresa, con demasiada frecuencia nos encogemos de hombros y señalamos que esa persona tiene un puesto fijo, aptitudes profesionales clave o que realmente no es tan mala.

Sin embargo, nos están robando. El *nos* es la palabra clave. No roban al jefe ni a la empresa. Sino a nosotros, a todos.

Una vez aceptamos la realidad, el trabajo cambia. Todo empieza por celebrar, potenciar y recompensar las competencias reales como norma general.

91. ¿Qué podemos enseñar?

James Clear escribe sobre László Polgár, quien enseñó a sus tres hijas a jugar ajedrez al más alto nivel: «Está claro que el ajedrez es una habilidad, no un mero talento con el que se nace».

Las habilidades profesionales pueden enseñarse. No se nace sabiendo ingeniería, redacción publicitaria ni diseño gráfico, *ergo*, son disciplinas que se pueden enseñar. Sin embargo, olvidamos otras habilidades; por ejemplo, saber tomar decisiones, participar con entusiasmo, bailar con el miedo, hablar con autoridad, trabajar en equipo, discernir la verdad, ser honesto, inspirar a los demás, hacer más de lo que se pide, preocuparse y estar dispuesto a innovar.

Invertimos muy poco en este tipo de formación, temerosos de que esas habilidades sean innatas y no puedan enseñarse. Quizá sean talentos. Por eso les restamos importancia llamándolas *habilidades blandas*, lo que nos permite descartar ese tema para ocuparnos de otro más urgente.

A escala, las organizaciones prestan menos atención a las habilidades interpersonales al momento de contratar porque se han convencido de que las aptitudes profesionales son impersonales y más fáciles de medir. Si algo es fácil de comprobar, parecería ser un criterio más importante a la hora de seleccionar a nuestro equipo. Asimismo, tardamos en despedir a la gente —y rara vez impartimos capacitación— cuando estas habilidades faltan, por temor a entrometernos, a que nos llamen la atención por centrarnos en lo personal o, posiblemente, porque parece una pérdida.

Sin embargo, todas estas habilidades pueden aprenderse, al igual que se aprenden habilidades tan obvias como el ajedrez o la mecanografía. Las aprendemos accidentalmente, por ósmosis, por los choques que tenemos con profesores, padres, jefes y el mundo en general. El hecho de que sean más difíciles de medir no significa que no podamos mejorarlas, practicarlas o cambiar la forma como las ejercemos en nuestro trabajo.

Claro que podemos. Dejemos de llamarlas *blandas*. Son habilidades interpersonales, habilidades de liderazgo: carisma, diligencia y contribución. Sin embargo, aunque precisas, de alguna manera se alejan de las aptitudes profesionales, que son aquellas que examinamos en el proceso de contratación y por las que valoramos un título de posgrado. Así que llamémoslas, incómodamente, *habilidades reales*.

Son reales porque funcionan y porque están en el corazón de lo que necesitamos hoy. Son reales porque, aunque tengas aptitudes profesionales, no eres realmente útil sin esas habilidades humanas, pues son el tipo de cosas que no se pueden codificar ni programar en una computadora. Las competencias reales no pueden sustituir a las profesionales, por supuesto. Lo que sí pueden hacer es potenciar aquello que has estado midiendo.

Imagina que una persona del equipo posee todas las aptitudes profesionales tradicionales: es productiva, hábil y experimentada; además, tiene un currículum que lo demuestra. Ese es un buen punto de partida. Ahora, añádele que es perspicaz, carismática, centrada, tiene iniciativa, se fija objetivos, inspira a otros y trabaja con motivación. Es una persona generosa, empática y coherente que sabe escuchar con atención y paciencia.

¿Qué pasa en tu empresa cuando alguien así se une al equipo?

92. Trabajo que hacer

En un artículo publicado en la *Harvard Business Review*, Lou Solomon informa de que el 69% de los directivos se sienten incómodos al comunicarse con sus empleados. Yo diría que muchos del 31% restante mienten.

Comunicarse con los empleados es incómodo porque hemos construido sistemas reglados de dominación que lo dificultan. Pedimos a la gente que deje su humanidad en la puerta y luego utilizamos la autoridad para cambiar su comportamiento. Superponemos la codicia corporativa y el pensamiento a corto plazo al deseo humano de crear un trabajo que importe.

¿Cómo podemos construir organizaciones centradas en las personas si aceptamos el hecho de que dos tercios de nuestros directivos —quienes presumiblemente son personas bien pagadas, muy educadas y que forman parte integral de nuestro éxito— se sienten tan incómodos haciendo una parte esencial de su trabajo que se lo pueden confesar a un desconocido?

En una encuesta reciente, el Graduate Management Admission Council (GMAC) informó que si bien la educación de las maestrías en Administración de empresas fomentaba de manera sólida la aptitud analítica, la experiencia cuantitativa y la capacidad de recopilación de información, tenía grandes carencias en otras áreas críticas que los empresarios consideran igualmente atractivas: pensamiento estratégico, comunicación escrita y oral, liderazgo y adaptabilidad.

¿Estas habilidades se excluyen mutuamente? ¿Debemos cambiar unas por otras? La base de todas las habilidades reales es la siguiente: sentir la confianza y el permiso para hablar unos con otros, no para dirigir, menospreciar, intimidar ni controlar. Simple y llanamente, para intentar que nos comprendan y hacer el trabajo de comprender. Una vez que la gente lo entiende, puede decidir si se une al viaje. Puede apuntarse o marcharse.

Sin embargo, antes debemos tener claro el trabajo que se debe realizar y cómo vamos a interactuar en torno a él.

93. El poder de un coach seguro de sí mismo

La mentalidad del *coaching*, como señala el autor Michael Bungay Stanier, se basa en la confianza mutua y la comunicación directa. A un *coach* seguro de sí mismo no le preocupa perder a un cliente, a un atleta o a un estudiante; se centra en animarlos y servirlos de forma clara. Crea momentos de incomodidad al servicio de una vida de empoderamiento y posibilidades.

Un *coach* profesional eficaz tiene una enorme ventaja sobre la mayoría de los directivos, pues el compromiso de su cliente es voluntario. El cliente se inscribe en el *coaching*, paga por él y acude porque quiere conseguir algo.

Esta postura receptiva está al alcance de cualquiera que decida ser un líder. El *coach* no hace el trabajo, lo hace el cliente. No es fácil, pero es sencillo. Involucrarse en el proceso de desarrollo abre la puerta a que el cambio se produzca.

Empresas como Shopify y Automattic han normalizado el *coaching* convirtiéndolo en parte del trabajo. Mientras exista un vínculo emocional, la confianza seguirá existiendo.

Más que necesitar un *coach*, lo que de verdad necesitamos es querer participar en el proceso de desarrollo profesional que implica el *coaching*.

94. Harry Brighouse te está llamando

Es profesor de filosofía, y sus clases son transformadoras.

Hace décadas, una estudiante le dijo que se iba a matricular en Derecho. ¿El motivo? Porque, como vemos en la primera escena de la película *Vida de un estudiante* (1973), en las clases de Derecho, los profesores interpelan de improviso a sus alumnos. Sin previo anuncio, en cualquier momento, cualquier estudiante puede ser llamado a participar.

A su alumna le atraía esta práctica (que se nombra *llamada en frío*) porque significaba que en cada clase todos estaban preparados, todos escuchaban y todos formaban parte realmente de la experiencia del aula. Así se aprendía más. Quería estar en una clase con gente que quería estar en la clase.

A partir de esa inspiración, Brighouse decidió incorporar la llamada en frío —que él denomina *llamada en caliente*— a sus clases de licenciatura, en grupos reducidos. Su llamada en frío no es una sorpresa ni una amenaza ni un fastidio. Es una característica. Es parte de la razón para tomar la clase: tener la oportunidad de rodearte de personas que están tan motivadas y conectadas como tú aspiras a estar.

95. El acoso autocrático no es compromiso

Al Dunlap consiguió grandes resultados bursátiles recortando personal y dirigiendo a la gente sin tregua. Hasta que dejó de hacerlo.

Jack Welch era un favorito de Wall Street, famoso por despedir anualmente al 10% de cada uno de sus grupos de ejecutivos mientras manipulaba el precio de las acciones, década tras década. Afirmaba que siempre despedía a los «peores», pero en realidad estaba creando una cultura del miedo. Cuando dejó GE, la empresa apenas era la sombra de lo que había sido y pronto empezó a desaparecer.

El alivio del superviviente rara vez conduce a una innovación y a una resiliencia poderosas. Es un mero atajo que solo funciona cuando el mundo sigue igual. «Los golpes continuarán hasta que la moral mejore» nunca ha sido un lema útil.

No es lo mismo decir a la gente lo que tiene que hacer que establecer una buena comunicación conjunta para construir sistemas potentes y resilientes.

96. Liderazgo y disidencia

¿Cuánta gente gritando «¡Fuego!» arruinará tu experiencia en el cine?* No hace falta dar un megáfono a cada persona que comenta en tus redes sociales. Los troles no necesitan ser potenciados.

Eso no significa que la retroalimentación deba evitarse. De hecho, la trascendencia requiere que los líderes y toda la comunidad creen las condiciones para mejorar, y la mejora viene de la crítica constructiva.

---

* «Gritar "¡Fuego!" en un teatro lleno» es una frase popular en Estados Unidos para describir una acción cuyo propósito es crear pánico sin motivo.

La oportunidad estriba en ser realmente claro sobre el objetivo. Cuando dices «Este autobús se dirige a Oxford», se abre el debate para que la gente sugiera que te pasaste de la salida, que conduces por el lado equivocado de la carretera o que vas tarde. Sin embargo, no hay momento ni lugar para que alguien se queje de que avanzas con rumbo a Oxford. La señal es clara, la promesa es específica. Sé realista o no juegues.

En contraste directo con ello, un líder autocrático no está abierto a recibir opiniones sobre cómo llegar al destino; simplemente busca cumplir las normas y obedecer. Una organización significativa, trascendente, se alinea en cultura y en objetivos, y el resultado es que todos acabamos llegando más lejos y más rápido de lo que podríamos llegar individualmente.

97. Los profesionales dicen «no»

La mano de obra orientada a las tareas está adoctrinada para limitarse a pedir detalles acerca de una orden. «Hazlo, rápido y barato». Un profesional, sin embargo, aporta al trabajo su experiencia y reputación. Si no dice lo que piensa, sacrifica la experiencia y la autoridad ganadas con tanto esfuerzo.

Cuando un profesional no está de acuerdo, altera el plan o se niega a seguir adelante, está llevando a cabo la parte más difícil de ser un profesional. Si pedimos a nuestros líderes que hablen claro y comuniquen qué rumbo se seguirá, debemos corresponder a su franqueza enrolándonos en el viaje o manteniéndonos al margen.

98. El riesgo de escuchar

La meta fundamental de propiciar un cambio a través de nuestra labor radica en ayudar a nuestros clientes y compañeros a convertirse en lo que desean. Esto requiere empatía.

Se necesita empatía para advertir que los demás no saben lo que nosotros sabemos, ni quieren lo que nosotros queremos, ni ven lo que nosotros vemos. Y para comprender que el trabajo que hacemos no es para nosotros, sino para alguien más.

Es posible que un hombre de mediana edad trabaje en una empresa de medias, que un adulto diseñe juguetes para niños y que un oncólogo en perfecto estado de salud ayude a un enfermo de cáncer.

Podemos hablar y escucharnos unos a otros. Podemos aprender del impacto que ejercemos y del cambio que generamos. Esto es arriesgado, por supuesto. Nos pone en un aprieto porque hace que el trabajo sea real y pone de relieve la brecha entre lo que esperábamos y lo que realmente hemos hecho.

Nuestras relaciones son el resultado de nuestra capacidad de escuchar. Cuando escuchamos, nos ganamos la confianza y creamos conexión, pero solo si nos preocupamos lo suficiente como para bailar con nuestro miedo.

«Cuando escuchamos, entablamos una relación,
un acuerdo al que nos comprometemos.
En esta relación, aprendemos a vivir en
recíproco respeto con todo lo que nos rodea,
tanto con lo que se ve como con lo que no se ve.
Debemos vivir en un estado de relación activa,
no solo recibiendo, sino también dando
de vuelta. Esta devolución puede adoptar una
forma literal o manifestarse en la observación,
el aprendizaje y la interacción amable.
Si escuchamos, esas historias están siempre a
nuestra disposición. Todo lo que nos rodea
—plantas, animales, árboles, agua, aire—
se constituye como nuestro maestro paciente y
dispuesto. Debemos permanecer abiertos a este
conocimiento que lo que nos rodea comparte
tan gustosamente con nosotros cuando
activamos la escucha».

———

CHRISTINE LUCKASAVITCH,
intelectual, educadora y activista algonquina

99. La claridad y las palabras no dichas

Sonder es el nombre con el que se alude a una toma de conciencia que tarde o temprano nos sacude a todos: los demás también tienen ruido en la cabeza y es el mismo ruido que nosotros escuchamos.

Una de las formas que tenemos de lidiar con nuestro ruido es con las palabras que elegimos decir —o no decir—. Y una de las formas en que la gente lidia con el suyo es cómo eligen escuchar las palabras que decimos. Creemos que nos comunicamos, pero en realidad no es así.

A menudo, un trabajo significativo y trascendente requiere que desarrollemos más empatía que aquella que nos hace sentir cómodos. Nuestra comprensión puede no ser la comprensión del otro. Podemos reconocer que los demás no escuchan nuestras palabras tal y como las decimos y advertir que las personas con quienes interactuamos podrían querer comunicar algo distinto de lo que nosotros interpretamos.

Si queremos ser realistas, parte del esfuerzo que debemos realizar es advertir que no estamos escribiendo un código informático sino que estamos bailando con seres humanos. Un buen comienzo es establecer acuerdos sobre ser específicos y amables en nuestro lenguaje. Avanzamos un paso más allá cuando concedemos a cada persona de nuestro equipo el beneficio de la duda —y pedimos aclaraciones ante cualquier confusión—. Esto reduce las probabilidades de que causemos dolor, confusión o, simplemente, interrumpamos nuestro camino.

Los pilotos desarrollaron un lenguaje muy específico para hablar con la torre de control. Funciona en todos los aeropuertos, en todos los países del mundo. Establecer la claridad como un acuerdo es un buen punto de partida.

100. La tía Helen era dura

Baird Brothers es un exitoso aserradero en el centro de Estados Unidos. Se trata de una empresa familiar con más de cien empleados. Sin embargo, el nombre resulta un tanto equívoco, pues la primera generación del negocio la dirigió una hermana, no un hermano.

La tía Helen sentó las bases para que el negocio creciera y prosperara durante más de cincuenta años. Contrató a muchos de los trabajadores que continúan en la actualidad. Estableció una cultura de participación, expectativas y reconocimiento que ha perdurado mucho después de que ella abandonara el barco.

Su sobrina, Lori Baird, dirigente de la segunda generación de la empresa, señala que Helen era dura. Solía decir: «Cada pieza de esto es importante y el trabajo de todos aquí es importante». ¿Qué tiene eso de duro?

Helen no era dura. Era razonable. Dejó claro a todos y cada uno de los empleados que tenían un trabajo importante y que las normas importaban. Explicó sus razones y persistió hasta que todos y cada uno de ellos cumplieran la promesa que la organización había definido: claridad, honestidad y retroalimentación directa. Si no podías hacer eso —o si elegías no hacerlo—, entonces estabas en el lugar incorrecto.

Significativo no tiene por qué implicar que algo sea blando o que siempre se deba sonreír. Es un trabajo que vale la pena, claramente descrito. Si no somos fiables, ¿qué somos?

Lo que hacemos y cómo hablamos de ello

Casi todos los hombres pueden soportar la adversidad, pero si quieres poner a prueba el carácter de un hombre, dale poder.

ABRAHAM LINCOLN

101. Lo que producimos es cambio...

... y la forma de hacerlo es tomar decisiones.

Sin embargo, las decisiones son difíciles porque siempre tienen que ver con el futuro y siempre afectan a terceros.

Hay una gran diferencia entre el trabajo retrospectivo de mejora de la calidad y la danza prospectiva de tomar decisiones sobre el futuro.

Si no estás dispuesto a producir el cambio, la verdad es que no tienes alternativa: tu único camino es reducir costes mediante la gestión industrial.

Logramos construir sistemas de primer nivel para la mejora paulatina de los sistemas mismos. La calidad medida de los coches, los chips de las computadoras e incluso la entrega de paquetes de un día para otro son mejoras asombrosas.

Sin embargo, nuestras organizaciones aún experimentan dificultades para dar el salto que les permita descubrir lo que hay a continuación. Y uno de los motivos es que no se habla de ello.

102. No puedes hacer que deje de importarme

¿Qué tipo de persona se dedica a la medicina?

Cuando el terremoto del 2010 sacudió a Haití, Jodi Sagorin reunió dinero entre sus amigos y voló a Puerto Príncipe para echar una mano. Acababa de terminar el bachillerato. En cuanto llegó, se puso en contacto con talentos locales y los ayudó a poner en marcha una unidad móvil de tratamiento de la hipertensión, misma que sigue funcionando hasta ahora. Y por si esto fuera poco, las becas de enfermería que creó con los fondos restantes han permitido que profesionales locales comprometidos adquieran los conocimientos necesarios para dedicar su vida a atender a las personas de su comunidad. Tras años de estudios en medicina y educación, Jodi Sagorin es ahora la mejor médico que conozco.

Sin embargo, su pasión por el servicio y la conexión humana han sido duramente puestas a prueba por la industria de la salud en Estados Unidos, que se esfuerza por convertir a cada médico en parte de una máquina predecible que busca la productividad. Esta industria, como tantas otras, concluyó que es poco fiable y difícil depender de personas dedicadas y atentas que realizan un trabajo trascendente. Por eso institucionaliza, mide y, sobre todo, divide el trabajo para que el empleado menos comprometido sea incapaz de arruinarlo. No quiere que los médicos promuevan cambios, simplemente buscan cumplir las especificaciones.

Las personas externas consideran que el médico atento y comprometido es un soplo de aire fresco, pero el sector en sí no puede prosperar con solo unos pocos de ellos, así que en su lugar presiona para que se atienda a más pacientes por hora y se trabajen más horas a la semana. Las cuentas son más fáciles así. Es más seguro apostar por el volumen que buscar personas comprometidas.

No me cabe duda de que los pacientes de Jodi piensan de otra manera.

103. La federación

Los sistemas federados transforman problemas difíciles en sistemas viables. Un sistema es un conjunto de reglas y herramientas de comunicación que nos permite trabajar en paralelo, crear valor y resolver problemas compartidos.

Los tres escollos que puede superar un sistema federado son los siguientes:

- Una innovación se vuelve compleja cuando posee múltiples elementos.
- Los problemas complejos parecen inextricables.
- La comunicación se complejiza cuando un equipo está integrado por varias personas.

La solución obvia a corto plazo para los problemas complejos es que un directivo poderoso tome las riendas y se limite a decir a todo el mundo lo que tiene que hacer. De hecho, esto le funcionó a Robert Moses —quien construyó más estructuras visibles desde el espacio exterior que nadie en la historia— y a un buen número de dictadores ya fallecidos.

Pero esa estrategia no dura ni es escalable. Al final, la complejidad del problema, la fragilidad del método y las necesidades de los invisibles son demasiado abrumadoras para que un solo directivo, por muy motivado que esté o por muy inhumano que sea, pueda superarlas.

La alternativa moderna es construir múltiples sistemas que interactúen entre sí, ya que estos avanzan independientemente de las acciones de cada uno de los nodos individuales de la red.

Una API (interfaz de programación de aplicaciones) es un método que permite a los ingenieros de software escribir un código que interactúa con sistemas más grandes, sin necesidad de tener un permiso ni una autorización especial del sistema en cuestión. En Automattic dicen que API significa «asumir como positiva cualquier intención».

Puedes enviar un correo electrónico o una carta a alguien, o utilizar una tarjeta de crédito sin que alguna de las personas que construyeron los sistemas subyacentes tenga conocimiento de tu existencia. Basta con seguir las normas —como incluir el encabezamiento adecuado en el software o utilizar el sello correcto— para trabajar dentro del sistema. O, tal vez, el sistema trabaja para ti.

Así, por ejemplo, existe una API metafórica que hace posible que este libro llegue a tus manos. Impresores, editores, mayoristas, almacenistas, ingenieros de grabación, gestores de inventario... todos forman parte de un sistema semiabierto que puede unirse siguiendo ciertas reglas para producir algo y hacerlo llegar al cliente. No hay un control centralizado ni una autoridad única que diga «Sí».

La API abierta nos permite crear una federación, un sistema intencionado de beneficio mutuo que es mucho más resistente de lo que jamás podrá serlo una autoridad centralizada.

De forma tradicional, hemos considerado que este tipo de sistemas abiertos ocurren fuera de la organización, con la teoría de la empresa centrada en torno a los edificios y a las personas que los gestionan. Sin embargo, los avances recientes en la tecnología y la comunicación han cambiado esta perspectiva, de modo que incluso una empresa privada o una administración pública pueden considerarse, ahora, un sistema abierto.

Hay más restaurantes chinos que McDonald's en Estados Unidos. La razón subyacente es sencilla: los restaurantes chinos son una federación, una API abierta, y no operan bajo un control centralizado. Si apuestas por la cultura y la misión de un restaurante chino, puedes montar uno y nadie puede impedírtelo.

«¡No seré empujada, archivada, sellada, indexada, informada, interrogada ni numerada! ¡Mi vida es mía!».

———

NÚMERO SEIS

104. Los desafíos del viaje (empezar y parar)

Trascender implica cambiar; sin embargo, el cambio puede representar peligro.

La seguridad es seductora si nos han adoctrinado para temerla o si la consideramos una apuesta arriesgada. El cambio es efímero y parte del miedo de la gente se puede basar en que, cuando la música pare, no haya una silla disponible para ella... o quizá sí. Cada resultado conlleva sus propios desafíos.

La doctrina de una «carrera profesional» seduce con la promesa de estabilidad. Es una progresión escalonada donde siempre habrá una silla disponible. Y funciona mientras las grandes empresas sigan creciendo, mientras el trabajo se mantenga estable, mientras hacerlo ligeramente mejor que ayer sea suficiente.

No obstante, hace un par de décadas, las organizaciones dejaron de cumplir la promesa de una carrera profesional. Dejaron de honrar el compromiso y la obediencia de sus empleados, saquearon sus pensiones y «recortaron» miles de puestos de trabajo. Como consecuencia, la ilusión de tener una carrera se ha revelado como un fraude.

Es posible que no nos guste el interminable carrusel laboral que empieza y se detiene, pero es todo lo que tenemos. Quizá podamos aprender a amarlo.

105. La gente herida hiere a la gente

Es fácil romper una conexión. Cuando formamos redes y nos unimos para construir proyectos, todas las personas que se unen a nosotros vienen de sitios distintos y tienen diferentes trayectorias. Y todos cargamos con los músculos y las cicatrices que se desarrollan naturalmente cuando se ha vivido durante más de unos minutos.

El trabajo significativo implica tensión, cambio y las transiciones que conlleva empezar y terminar. Lo que hicimos en el pasado modifica lo que hacemos ahora. Lo que hacemos cambiará lo que seremos después. Y el ciclo continúa. El reto del liderazgo es ayudar a la gente a vivir esa historia de forma positiva.

Hay un antiguo chiste sobre una mujer que va al médico:

—Tiene que ayudarnos, doctor. Mi marido cree que es una gallina.
El médico le pregunta cuánto tiempo lleva así. Ella le responde:
—Tres meses.
—¿Por qué no vino a verme antes?
—Porque necesitábamos los huevos.

Las organizaciones han utilizado la vigilancia para despersonalizar y escalar sus empresas, alegando que «necesitan los huevos». En la actualidad descubren que es un callejón sin salida. Si el coste es la falta de conexión, por no hablar del drama y la tensión que se derivan de no establecer relaciones estrechas, «los huevos» rara vez merecen la pena.

Hemos dañado a las personas y no es válido sorprenderse cuando ellas dañan a alguien más. Todo individuo con el que trabajamos tiene un pasado, una vida y una historia. Lo más fácil es ignorar todo eso y limitarnos a construir barreras. Lo fácil es negarse a reconocer a quien está sentado a nuestro lado.

Cuando asistimos al trabajo para hacer una labor relevante, es inevitable que ese daño humano se revele. El desafío consiste en establecer límites y normas para que las personas interesadas puedan ejercer en armonía el trabajo que las convoca.

Vinimos aquí para hacer algo juntos.

106. ¿Cómo voy?

En las finales estatales, los participantes de los cien metros vallas saben exactamente cuál es su progreso. Pueden verlo en un cronómetro digital y este nunca miente. Pero cuando buscamos el cambio, cuando inventamos el futuro, no tenemos un parámetro fácil de medir, así que, lógicamente, buscamos seguridad.

La única respuesta deseable a la pregunta retórica «¿Cómo vamos?» es «¡Superbién!», lo cual no es de mucha ayuda si buscamos hacerlo mejor.

No sirven los falsos indicadores. No sirven los ataques personales.

No se necesita un remedio para lo que nos aflige ni una oportunidad para desahogarnos. Solo queremos una buena retroalimentación que nos ayude a avanzar, por favor.

107. Corte fino

El conflicto laboral existe desde que el primer empresario contrató al primer trabajador: el jefe quiere más esfuerzo y tiempo de sus empleados por menos dinero. El trabajador quiere más dinero por su duro trabajo.

Los empresarios industriales quieren quitar poder al trabajador. Y durante el último siglo, han ganado esa batalla. Los sindicatos han perdido poder, los individuos son tratados como engranajes, la vigilancia ha aumentado. Y, por supuesto, desde Frederick Taylor y la cadena de montaje, una de las estrategias más eficaces ha sido dividir finamente los puestos de trabajo.

Una forma de despojar a los empleados de su poder es convertir cada trabajo en veinte, y luego asignar cada microtrabajo a una función no comprometida, barata y carente de humanidad. No importa mucho si se trata de un botón para hacer ojales en una máquina de coser especializada o de un agente subcontratado en un centro de atención telefónica que atiende las llamadas desde un lugar remoto. Esto funciona bien hasta que deja de funcionar.

Sí, es más eficiente que cuarenta operadores repitan una misma tarea que una persona dé cuarenta pasos para construir cada pieza de un coche. Pero si cortas las rebanadas demasiado finas, la satisfacción en el trabajo, la perspicacia, la innovación y, sí, incluso la satisfacción del cliente, disminuyen.

Los pacientes mejoran cuando un cuidador los acompaña plenamente. Los clientes están más contentos cuando un vendedor entiende su perspectiva general. Los donantes son más felices cuando establecen un compromiso con una sola persona.

Hemos construido sistemas polivalentes de inteligencia artificial que pueden hacerse cargo de muchas de las finas rebanadas que hemos cortado. El valor para los seres humanos sigue existiendo cuando ofrecemos rebanadas más gruesas, más completas, mejores.

108. ¿A qué hora abre el gimnasio?

Son las cinco de la mañana. No sé en qué ciudad estoy, pero estoy despierto y me gustaría hacer ejercicio antes de mi discurso. Por eso marco el cero en el teléfono de mi cuarto de hotel y pregunto en recepción a qué hora puedo ir a hacer ejercicio.

Resulta que la persona que contesta no se encuentra en la recepción. Ni siquiera está en la misma ciudad. En su lugar, un mensaje aparece en la pantalla y el operador me lee una respuesta automática.

Para una cadena hotelera como Marriott, esta es una forma de ahorrar dinero, sin duda. Pero no debe de ser un trabajo especialmente gratificante, y diría que la persona que contesta el teléfono sabe que en cualquier momento una red de computadoras o teléfonos ocupará su empleo. También me da una razón más para alojarme en un hotel más barato la próxima vez.

La carrera hacia el abismo es difícil de ganar. Y ganarla rara vez conduce a resultados positivos.

«Diría que, en una semana, probablemente solo hago unos quince minutos de trabajo real, de trabajo de verdad. Mi única motivación real es que no me molesten… eso y el miedo a perder mi trabajo.

Pero ya sabes, Bob, eso solo hará que alguien trabaje lo mínimo suficiente para no ser despedido».

—

PETER GIBBONS

109. Trabajo que vale la pena

¿Qué le decimos al profesional que quiere trabajar desde casa?, ¿y al programador perspicaz que solo quiere resolver los problemas más atractivos?, ¿y al trabajador de primera línea que solo gana el salario mínimo, pero quiere sentir que importa?

¿Podemos gestionar a las personas para que aumenten su productividad midiendo el número de golpes de tecla y otros indicadores similares? No olvidemos que las solicitudes para estudiar maestrías en Administración de empresas han descendido hasta un 25 % en las escuelas de negocios más famosas. ¿Adónde se fueron esos estudiantes? ¿Por qué es tan poco atractiva una licenciatura en Negocios?

Tenemos que ofrecer a la gente un trabajo que valga la pena. Tenemos que encontrar formas de generar valor.

¿Cuál es el cambio que pretendes? ¿Quién te echaría de menos si te fueras? ¿Qué es especial de tu trabajo? ¿Cómo contribuyen tus habilidades y pasiones únicas a tu desempeño laboral? ¿Es importante tu empleo? ¿Tomas decisiones que generan impacto?

La trascendencia es el punto donde confluyen un alto grado de confianza y un elevado nivel de riesgo. El trabajo significativo genera impacto y cambio.

Como suele suceder, existe un punto óptimo. Cuando la confianza y el riesgo que se asumen son escasos, dicho punto es irrelevante. Sin embargo, si nos arriesgamos en exceso o nos sentimos incapaces, sin apoyo y dispuestos a fracasar, la confianza y los riesgos pueden ser demasiado elevados.

Es importante asumir compromisos, no excesos.

110. Una lista de palabras

¿Cuántas veces al día utilizas las siguientes palabras? ¿Con qué frecuencia te ayudan a priorizar tu trabajo, a elegir una nueva forma de actuar, a conectar con un nuevo empleado?

Nos hemos dejado seducir por las falsas promesas del capitalismo industrial para centrarnos en la comodidad, la productividad, el beneficio y el cumplimiento. Quizá valga la pena cambiar nuestro vocabulario mientras intentamos reconfigurar nuestra cultura, motivados por el progreso:

Afiliación	Honestidad	Resistencia
Conexión	Alegría	Seguridad
Creación	Liderazgo	Significativo
Dignidad	Aprendizaje	Estatus
Descubrimiento	Largo plazo	Tensión
Personal	Confianza	Miedo
Posibilidad	Voluntario	Generosidad
Resiliencia		

Encontrar
el camino

———

*Si caminamos lo suficiente, tarde
o temprano, llegaremos a algún sitio.*

DOROTHY GALE

111. No lleves un cronómetro a un concurso de poesía

¿Cuánto tardó Sarah Kay en escribir *B*, su innovador poema hablado?

Frederick Taylor, el padre del *management* moderno (la administración científica), llevaba un cronómetro a todas partes, pues el cronómetro era lo único que importaba. Si puedes estudiar el tiempo y estudiar el movimiento, puedes mejorar la productividad de cada paso de la producción.

El trabajo significativo puede cronometrarse y, por supuesto, el tiempo importa. Pero el cronómetro es lo de menos. Estamos aquí para lograr un cambio.

112. ¿Quién decide lo que haremos después?

En una línea de ensamblado, la elección es fácil: la siguiente tarea que debe desempeñar el trabajador es intervenir el artículo que se acerque en la banda. En el centro de atención telefónica ocurre lo mismo: «Su llamada es muy importante para nosotros y será atendida por el siguiente operador disponible».

Pero ¿qué ocurre en el restaurante? ¿Llevar platillos de la cocina a la mesa es el único trabajo del mesero o su presencia representa algo más que una entrega robotizada de comida sobre dos pies? Cuando este profesional se acerque a la mesa, ¿a quién se dirigirá en primer lugar? ¿Qué tensiones generará o aliviará? ¿Se crearán expectativas o recuerdos?

La diferencia entre una buena y una excelente experiencia en un restaurante tiene muy poco que ver con la comida. La hospitalidad aborda los problemas y los convierte en oportunidades: oportunidades de conexión, de alegría y generación de recuerdos.

113. Si tomamos decisiones...

... reconozcamos que son mucho más importantes que las tareas.

Muéstrame tu agenda para hoy y te diré lo que valoras. Si tu equipo dedica casi todo su tiempo a tareas con soluciones conocidas, probablemente estés en el negocio del cronómetro. Busca a los trabajadores —o computadoras— más baratos, rápidos y fiables, y ponlos en tu cadena de montaje.

Pero si lo que buscamos es producir un cambio, entonces nuestro trabajo es salir de nuestra zona de confort y desplazarnos hacia una meta: encontrar un camino, identificar la siguiente mejor cosa en la que trabajar, describir una oportunidad y hacerla posible.

Si eres un explorador, llámate así. Organízate para ello y cuantifica tus avances.

114. Giros y nuevos caminos

En un inicio, Starbucks no vendía bebidas, solo granos de café. Nintendo comenzó fabricando naipes. Y ¿por qué llamar a esto un giro? Porque de eso se trata.

Todas las grandes historias tienen que ver con giros. Todas las organizaciones que admiramos hacen algo que no tenían previsto hacer cuando empezaron. Son pioneras, no creadoras de excusas.

Las reuniones son un síntoma

Las acciones hablan con más fuerza que las reuniones.

LEE CLOW

115. Las reuniones son un problema y un síntoma

A estas alturas de nuestra exposición, muchos directivos dirán: «En estas circunstancias, vamos en el rumbo correcto hacia una organización trascendente». Sin embargo, tú no estás en ninguna circunstancia. Tú *eres* las circunstancias.

Resulta bastante fácil invocar el excepcionalismo empresarial y creer que algo en tu organización, tu producto, tus competidores o tu estructura corporativa te obliga a dirigir de forma industrial. Creer que haces cuanto puedes para recordar lo humano, pero que, simplemente, hay demasiadas fuerzas externas que se interponen.

Por eso debemos examinar nuestras reuniones.

116. Antes de la era digital, nos reuníamos en persona

Sencillo y evolutivamente obvio. Sin tecnología de por medio. Una reunión en persona era la única forma eficaz de transmitir información. Incluso después de la invención de la escritura, era la única manera de mantener una interacción en tiempo real. Las reuniones en persona son ahora como el caviar: raras y valiosas. Y, sin embargo, las desaprovechamos.

La comunicación asíncrona se alterna a menudo con la conversación en directo. Las cartas y los telegramas son misiles unidireccionales, pero las llamadas telefónicas son diálogos. Los faxes y los mensajes de texto son versiones más rápidas de las cartas, y una llamada de Zoom puede ser una mejor versión de una llamada telefónica. Las conversaciones y las conexiones están en todas partes.

Y, sin embargo… A la gestión industrial las conversaciones no terminan de agradarle. Las conversaciones son difíciles de controlar y planificar. Y para que funcionen bien, necesitan un nivel de horizontalidad y conexión que socava la jerarquía de los jefes que solo dan instrucciones.

Por eso las organizaciones industriales prefieren las juntas. Son más eficaces para su modelo porque no implican una reunión propiamente dicha. En realidad, son conferencias en grupo con algunos momentos para preguntas y respuestas.

Antes de la era digital, este tipo de «reuniones» —que en realidad eran anuncios— tenían una justificación. Eran una forma rápida y sencilla de poner a la gente en sintonía. Y, más en concreto, eran ejercicios de juego de rol antropológicamente valiosos. El jefe desempeñaba el papel del rey, diciendo a la gente cómo eran las cosas, afirmando su autoridad y dejando claro su estatus.

Y los empleados también desempeñaban su papel, escondiéndose, agachando la cabeza y haciendo lo que se les decía. Como estar de nuevo en primero de primaria.

117. Zoom, desaprovechado

Ya no necesitamos alterar nuestro horario ni nuestra ubicación para asistir a una junta. Zoom es una tecnología milagrosa que nos permite ignorar el espacio si así lo decidimos. Si quieres mantener una conversación con alguien de tu equipo y sus horarios empatan, simplemente lo haces. Y, ya entrados en materia, los videos pregrabados pueden sustituir con eficacia a las conferencias. También se pueden volver a ver, acelerar y transcribir. Es gratis, rápido y fácil.

Se puede concertar una cita con cualquier persona, al instante, y reunirse durante tres o diez minutos. O enviar un video con tu mitad de la charla que se impartirá en equipo a dondequiera que estén tus compañeros.

Y sin embargo… en lugar de aprovechar la flexibilidad de tiempo y espacio que ofrece Zoom para promover nuestros objetivos mutuos, la clásica estructura de gestión industrial se queda con lo peor de ambos mundos. Pregúntales a tus empleados (diría «equipo», pero eso no abarcaría la connotación real de la palabra).

A menudo, las reuniones por Zoom son solo juntas en el peor sentido de la palabra. Se pasa lista, alguien da una charla, algunas personas hacen preguntas. Y treinta o sesenta minutos después, la gente se despide.

En la mayoría de las encuestas, los empleados califican las reuniones interminables como la peor parte del teletrabajo, y no es que las aprecien mucho más cuando se celebran en la oficina. La razón es sencilla: a nadie le gusta que lo sermoneen, y menos cuando es en tiempo real y el evento se disfraza de una conversación.

La dinámica social de tus reuniones dice mucho sobre el funcionamiento de tu empresa.

118. La democracia de las abejas

Las diez mil abejas de la colmena llevan juntas solo un par de semanas y tienen menos de 72 horas para elegir un nuevo lugar donde vivir. ¿Cómo pueden organizarse para tomar una decisión tan importante, con tantas opciones (cientos de ellas) y sin tener forma alguna de ejercer la autoridad directiva? Quizá la llamen abeja reina, pero en realidad ella no está al mando.

Thomas Seeley describe cómo funciona este proceso: no son reuniones, es cultura. Podemos aprender tres lecciones susceptibles de aplicarse a nuestras empresas no apícolas:

1. Las abejas tienen intenciones y normas claras. La investigación de Seeley ha demostrado que es probable que las abejas reaccionen de forma

muy similar ante posibles emplazamientos para su colmena. No hace falta que todas visiten cada una de las más de cien ubicaciones potenciales para que un punto de vista coherente evolucione.

2. Una de las razones de la incomodidad y las intrigas en el trabajo responde a que no solemos ser claros unos con otros sobre lo que queremos conseguir, pues tememos que nuestros objetivos no estén alineados.

3. Por razones logísticas obvias, las abejas han evolucionado para establecer una comunicación igualitaria. En lugar de que una abeja envíe un memorándum a las demás, el mensaje se propaga horizontalmente.

La falacia que enseña la maestría en Administración de empresas es que basta un memorándum brillante, presentado en un documento de Powerpoint, para que se produzca un cambio. Sin embargo, la cultura siempre gana a la estrategia. En las organizaciones resilientes, la cultura impulsa la transformación; en las rígidas, la inhibe.

Si nos importa el trabajo, tenemos que centrarnos en la cultura.

119. Una semana sin reuniones

¿Por qué es tan importante pasar una semana entera sin reuniones?

Zapier es una exitosa empresa de software web con un equipo distribuido. A modo de experimento, suspendió todas sus reuniones habituales durante una semana. En lugar de concertar juntas uno a uno en tiempo real o reuniones de grupo, implementó informes asíncronos, actualizaciones y baterías de preguntas, dando a cada empleado el tiempo y la libertad para ocuparse del trabajo real.

Y el trabajo se hizo. El equipo alcanzó más del 80 % de sus objetivos fijados para esa semana. He aquí un breve resumen de uno de sus líderes:

- En lugar de asistir a la cita semanal con mi jefa, preparé una serie de preguntas y se las envié en un mensaje directo vía Slack.
- En vez de organizar una reunión de seguimiento del proyecto, todos los miembros del equipo compartieron sus actualizaciones en la correspondiente lista de tareas de Asana.
- En lugar de conversar en una llamada estratégica puntual, las partes interesadas compartieron sus ideas —y comentarios— en un documento Coda.
- En vez de llamarnos para dar el banderazo de salida al proyecto, nuestro gestor envió un mensaje de Slack en el que compartía la carta del proyecto, el calendario y los pasos siguientes.

Sin embargo, más allá de eso, se manifestó un cambio en la cultura. En lugar de pasar lista —lo que implica estar delante de la computadora a la hora acordada para participar en una reunión en tiempo real—, el equipo prestó atención a las contribuciones. En lugar de recompensar una combinación de sumisión y fugaces intervenciones ingeniosas, dio más peso a los individuos capaces de atender lo que se debía hacer para actuar en consecuencia.

Si fueras una de las muchas personas que completaron esa semana sin reuniones y pudiste fijar un horario que controlaras y un rendimiento del que te sintieras orgulloso, ¿sería algo que querrías repetir? ¿Querrías formar parte de esa cultura de confianza y conexión?

La verdad es sencilla: la cultura de las reuniones se diseñó para ejercer control y simular un atajo en el difícil camino hacia la conexión humana real. La mayoría de las reuniones no funcionaba porque nadie había hecho el trabajo emocional necesario para realizar asambleas en tiempo real que produjeran un resultado deseable.

Las reuniones en sí no son malas. Lo malo son las juntas inútiles, ineficaces o en las que se manipula a los demás.

120. ¿Para qué sirven las reuniones?

Cuando pedimos a la gente que reserve una hora en su calendario y se reúna en tiempo real para una junta, ¿qué pretendemos?

Quizá las reuniones son una forma de reforzar los roles de estatus. De recordar a la gente que el jefe es quien manda. Que su tiempo es precioso y que todos deben sentarse a escuchar, en tiempo real, su exposición de lo que sea que esté pensando.

Las reuniones también pueden servir para reafirmar el orden jerárquico. Quién se sienta dónde, quién puede hacer preguntas, quién se calla. Quién representa a la casta dominante o al favorito cultural.

Y tal vez sean una representación escénica que premia la palabra justa y la réplica aguda, y deja a los demás solo con *esprit d'escalier*, es decir, la sensación incómoda de pensar la respuesta más ingeniosa cuando ya es demasiado tarde.

Asimismo, es posible que las reuniones sean una forma de negar la responsabilidad *a posteriori*. Y que cubrirse las espaldas pueda ser una buena manera de que te dejen libre de culpa.

Si pasamos lista para asegurarnos de que la gente en casa trabaja de verdad y llenamos nuestros días de Facetime —qué nombre más apropiado— para confirmar nuestra lealtad, entonces puede que las reuniones estén haciendo exactamente lo esperamos de ellas.

121. Una reunión relevante es diferente

Ocurre en tiempo real porque solo de esa forma puede funcionar.

Es una conversación en la que todos escuchan y hablan, pues solo están las personas que tienen que estar.

Conduce a la toma de decisiones, no se limita al reporte de información.

Crea energía, no la destruye.

122. Hacia un acuerdo Zoom

Si prometes no consultar tu correo electrónico mientras hablamos, prometo no hacerte perder el tiempo.

Si aceptas mirarme a los ojos e intentar captar lo esencial de lo que digo, yo acepto ser claro, convincente y preciso.

Si sabes con seguridad a qué reuniones es una pérdida de tiempo que asistas, puedo celebrarlas sin ti.

Si me animas y aportas entusiasmo a la interacción, tendré una mayor predisposición hacia el trabajo y te devolveré incluso más energía de la que tú me aportes.

El objetivo de una reunión no es llenar un espacio asignado en la invitación del calendario de Google. El propósito es comunicar una idea y las emociones que la acompañan, así como descubrir lo que falta a través de una conversación significativa. Si no podemos hacerlo así, es mejor que no nos reunamos.

La multitarea —especialmente durante las reuniones— no es productiva, respetuosa ni saludable. Estar presente en tiempo real es una pérdida de tiempo a menos que interactuemos.

Reafirmar tu estatus y control no vale una hora de mi día.

123. El desafío de las reuniones modernas

Mucho antes de la pandemia, mi colega y amigo Al Pittampalli escribió un éxito de ventas titulado *Read This Before Our Next Meeting* (Lee esto antes de tu próxima reunión), un breve manual sobre cómo convertir los sermones en conversaciones productivas durante una reunión. Aunque vendió bastantes ejemplares, pocas personas adoptaron las técnicas básicas de inteligencia artificial que propuso. El *statu quo* resiste.

Para que un jefe mantenga una conversación productiva, tiene que estar dispuesto a crear unas condiciones de seguridad, crecimiento y relevancia lo suficientemente sólidas como para que los empleados se involucren y contribuyan de manera voluntaria. Eso significa renunciar al estatus a corto plazo.

Y para que los empleados participen, tienen que estar dispuestos a ensuciarse. Tienen que sentirse lo bastante seguros como para dejar atrás una sinecura. Tienen que confiar en el proceso lo suficiente como para hablar y asumir responsabilidades, aunque no tengan autoridad.

Una organización trascendente ofrece cambio, posibilidad y responsabilidad. Crea las condiciones para que los seres humanos se comprometan sin los roles de dominio tradicionales de la gestión industrial.

Y la cultura de las reuniones está diseñada para socavar precisamente eso.

Crear una organización relevante

No necesitas más tiempo.
Solo debes tomar una decisión.

124. Hitos en el camino hacia la relevancia

Hay un conjunto de principios fundacionales, sencillos pero trascendentes, que nos permiten crear el tipo de organización que atrae, potencia y desafía a las personas que quieren marcar la diferencia. Concretamente:

1. Las organizaciones trascendentes posibilitan el cambio.
2. El ser humano no es un recurso.
3. Gestión no es lo mismo que liderazgo.
4. La afiliación es más poderosa que la coacción.
5. La cultura puede potenciar la afiliación.
6. Buscar impostores útiles.
7. Los líderes crean las condiciones para la cultura.
8. La página 19 abre la puerta.
9. Es el trabajo, no el trabajador.
10. Abrazar la incertidumbre.
11. Conceder el beneficio de la duda.
12. No encasillar.
13. Evitar falsos indicadores.
14. Establecer normas rigurosas.
15. La escala no es lo importante.
16. Contratar no es ligar.
17. Encontrar usos positivos de la tensión.

125. Las organizaciones trascendentes posibilitan el cambio

El cambio es la esencia del trabajo. El industrialismo teme el cambio; las organizaciones significativas lo provocan.

Cambiamos el mundo exterior, el estado de nuestros clientes y también nuestros procesos internos. Cambiamos lo que hacemos y cómo lo hacemos. El impacto de nuestro trabajo cambia a medida que lo desempeñamos.

No pedimos disculpas por el cambio porque el cambio es lo que importa.

126. El ser humano no es un recurso

El área de Recursos Humanos fue inventada por las mismas personas que decidieron invertir en máquinas, en la gestión de la cadena de suministro y en estrategias de litigio.

Los seres humanos no son máquinas que deban manipularse y optimizarse. No son un recurso cuyo coste se pueda reducir o gestionar.

Los humanos son personas.

Son nuestros colegas. Si creamos las condiciones para que encuentren un camino hacia la relevancia, esas condiciones nos permitirán prosperar a todos.

127. Gestión no es lo mismo que liderazgo

La gestión es el duro trabajo de conseguir que las personas que laboran en tu empresa hagan lo que hacían ayer, pero de un modo más rápido y más barato. Requiere autoridad, una jerarquía que concede al directivo el poder de ser insistente.

El liderazgo es voluntario. Es voluntario para quien lo ejerce y para quien lo sigue. Es el trabajo de imaginar algo que no ha sucedido antes e invitar a la gente a acompañarte en el viaje. Sin adhesión voluntaria, no es liderazgo sino gestión.

128. La afiliación es más poderosa que la coacción

Las personas más capacitadas y comprometidas participan voluntariamente. Tienen opciones. Por tanto, gestionar el cumplimiento mediante la coacción nunca es tan eficaz como coordinar el trabajo de personas apasionadas y comprometidas.

Crear una cultura basada en el propósito, que se centre en encontrar y potenciar a las personas implicadas, es el trabajo de un líder hábil.

129. La cultura puede potenciar la afiliación

La cultura puede resumirse en una simple frase: «Nosotros hacemos las cosas de este modo. Así son las cosas aquí». Construir una cultura de gestión y cumplimiento es fácil y práctico. Resulta mucho más difícil construir una basada en la conexión y en la afiliación.

Existen trabajos que simplemente no se hacen si no hay jefes. Existen personas convencidas de que tienen pocas opciones y que necesitan estimulación para hacer trabajos para los que no se sienten motivadas intrínsecamente.

Sin embargo, cada vez se crea más valor de otra manera debido a las personas que saben que tienen opciones, que se dedican a mejorar sus habilidades y que se involucran para hacer un trabajo que les parece significativo. Podemos crear sistemas, caminos, y una cultura que atraiga y potencie ese deseo.

La cultura derrota a la estrategia, pero la cultura es más difícil que la estrategia. Requiere claridad, compromiso y persistencia diaria. En el momento en que se adopta un atajo, sacrificando el compromiso para satisfacer objetivos de beneficio a corto plazo, tu cultura de la trascendencia sufre un golpe importante.

130. Buscar impostores útiles

El síndrome del impostor es real. Es la sensación que tenemos cuando realizamos tareas de forma correcta, pero sin certeza de su éxito; cuando no sentimos suficiente confianza en nuestro trabajo, o cuando creemos tener un privilegio y poder implícitos que no están justificados. Sin embargo, los impostores útiles sacan el trabajo adelante.

Una organización relevante hace que se produzcan cambios que no cuentan con garantías ni evidencias. ¿Quién podría lograrlo sino alguien que quiere ser útil a la vez que se siente un impostor?

La cultura de la relevancia acoge al impostor generoso y honesto en lugar de apartarlo.

131. Los líderes crean las condiciones para la cultura

Ese es el trabajo. No se trata de gestionar. La gestión es fácil y barata, es un atajo cuando no puedes conseguir que tus trabajadores se comprometan.

Tu cultura es más poderosa que tu estrategia y tus tácticas. Combina «Así son las cosas aquí» con «Nosotros hacemos las cosas de este modo» y verás cómo de repente tu equipo adquiere una influencia que va más allá de la imaginación del industrial.

Cuando la cultura abraza el compromiso, la posibilidad y el cambio, nuevas oportunidades surgen rápidamente. El trabajo se hace porque es importante y deseado, no porque un sistema de vigilancia insista.

132. La página 19 abre la puerta

Los trabajos relevantes suelen llevarse a cabo por equipos de personas que por sí solas nunca podrían producir algo similar. La mitología del genio solitario socava nuestra capacidad de ofrecer nuestra aportación y contribuir lo suficiente para mejorar las cosas.

Trescientas personas de cuarenta países se presentaron para crear *El almanaque del carbono*. Desde un primer momento, acuñamos el «Principio de la

CREAR UNA ORGANIZACIÓN RELEVANTE

página 19» y lo utilizamos a diario. Lo cierto es que nadie podía crear por sí solo la página 19 del almanaque. Nadie en el equipo estaba cualificado para escribir, editar, verificar e ilustrar ni una sola página del libro. Sin embargo, había que hacerlo, así que unas cuantas personas contribuyeron a hacer una página, y luego la siguiente, y la siguiente. Cada página fue mejorada y pulida por más de una docena de personas que trabajaron sin tregua, de zona horaria a zona horaria. La metáfora de la página 19 es el antídoto contra la parálisis, el agobio y el perfeccionismo. Acoge al impostor generoso y al colaborador entusiasta. No se trata de hacerlo bien a la primera. De hecho, todo el mundo reconoce que es imposible hacerlo bien a la primera. «Aquí tienes, yo hice esto, por favor, mejóralo».

Existe un proceso y se puede confiar en él. Es un proceso que dio permiso a la gente para pasar a la acción y avanzar hacia el objetivo del grupo. Hubo muchas oportunidades de mejorar el trabajo y resistimos sistemáticamente la tentación de criticar al trabajador. La página 19 es una postura de posibilidad, no de culpa: «Esta página no es lo suficientemente buena… *todavía*». La página 19 aumenta la confianza porque siempre podemos mejorarla. Por supuesto, adelante, empieza tú. Cualquiera puede dar el siguiente paso para avanzar hacia los objetivos del grupo. Haz la lectura. Muestra tu trabajo. Date cuenta de que otro va a seguir desde el punto donde tú lo dejes. Capa por capa.

Hoy, casi todo se construye así, no solo los almanaques. Nadie construyó Nike, General Electric o Google a partir de un plan individual. Nadie construye una gran organización por sí solo. Anne Marie Cruz, una de las líderes voluntarias del almanaque, destacó cuatro pasos del pensamiento de la página 19:

- Simplificación
- Aclaración
- Triaje
- Decisión

Empieza con un problema y simplifícalo lo más posible. A continuación, aclara el objetivo. Este trabajo que estás haciendo, el cambio que pretendes hacer, ¿a quién va dirigido y para qué? La mayoría de los problemas recalcitrantes se debe a la falta de claridad sobre el cambio que se busca.

El triaje consiste en determinar en qué se debe trabajar a continuación. Clasifica lo que te llega y aborda primero las partes importantes, difíciles e influyentes. A medida que se completa lo esencial, el resto sigue de forma natural. Y finalmente, decide. Decide seguir adelante. Decide centrarte en las partes críticas. Decide enviar el trabajo. El proyecto se envía cuando te quedas sin tiempo o sin dinero. No necesitas más tiempo ni más dinero. Simplemente tienes que decidirte.

La filosofía de la página 19 estriba en estar al servicio, lo que facilita escuchar a los demás. Se trata de generosidad, no de defender un territorio. Asumir la responsabilidad es mucho más difícil que atribuirse el mérito, pero es el camino correcto. El pasado terminó y este tipo de actitud nos da la oportunidad de mejorar el futuro que está por venir.

Volvamos a las abejas. Las abejas comienzan su trabajo a los pocos instantes de nacer. Cada una es responsable de su propia contribución, de su propia celda, de su propio impacto. Lo hacen mal de camino a hacerlo bien. Pero juntas, el trabajo se pule y se mejora, se toman decisiones y la colmena sobrevive.

El canto del crecimiento es un vivo ejemplo del salto exponencial de este enfoque.

133. Es el trabajo, no el trabajador

Esto no se aplica en la escuela. Tampoco en los deportes ni en la política.

La crítica se siente como algo personal. El síndrome de alta exposición o de «la amapola alta» se extiende por todo el mundo y nos empuja a permanecer en silencio. «Yo no me la juego por nadie». Al fin y al cabo, en el paradigma de la gestión industrial, el mal rendimiento se adhiere al trabajador, convirtiéndolo también en malo. Es tentador tildar a alguien de fracasado, en lugar de hacer el trabajo minucioso que implica separar la labor de la persona que la hizo.

En algunas culturas, se considera que los malos resultados están predestinados y son fruto de un defecto moral. Sin embargo, nada de eso es cierto ni útil. De hecho, las propuestas innovadoras con frecuencia están relacionadas con acontecimientos aleatorios —buenos o malos—, y siempre pueden mejorarse. Los colaboradores valiosos no aciertan todo el tiempo, sino que contribuyen sistemáticamente.

Criticar el trabajo con una retroalimentación útil y cualificada hace que este mejore. En cambio, apegarse de manera emocional al trabajo, considerándolo una prueba auténtica del valor de una persona, dificulta la respuesta y el avance.

«Si no sirvo para nada, ¿para qué molestarme en contribuir?» no puede ser más diferente de «Se puede mejorar esto si tengo claro que necesita…».

134. Abrazar la incertidumbre

«No lo sé». Eso no lo puedes decir en un sistema industrial. Ni en una reunión, ni en una planificación, ni al consejo directivo.

Sin embargo, decirlo con claridad e intención es poderoso. Crea espacio para que otros colaboren. Establece una necesidad de resiliencia en lugar de una garantía. Y nos permite avanzar sin necesidad de mostrar una falsa seguridad.

La única afirmación honesta que podemos hacer sobre el futuro es que es incierto. Si podemos utilizar esto como herramienta, tendremos más probabilidades de crear el cambio que buscamos.

Los demagogos juegan con nuestra inseguridad y afirman sentirse seguros. Es tentador creerles, pero está claro que están tan equivocados como los demás. La solución resiliente y profesional consiste en evitar la falsa confianza y abrirse a las posibilidades que brinda la incertidumbre.

135. Conceder el beneficio de la duda

Cory Doctorow ha escrito con elocuencia sobre la interoperabilidad contradictoria. Se trata de un sistema lo suficientemente abierto como para que otras organizaciones y particulares puedan utilizarlo sin permiso.

Puedes meter cualquier plato en el lavavajillas y enchufar cualquier aparato a la toma de corriente. No necesitas la aprobación de la empresa ni de la compañía eléctrica. Sé que puedo confiar en que el destornillador que compré funcionará en un futuro próximo, porque lo he utilizado con innumerables tipos de tornillos diferentes. Si el destornillador no funciona en un determinado contexto, lo más probable es que lo pruebe de varias formas distintas antes de concluir que tiene un defecto.

Por otro lado, es posible —y probable— que un sistema cerrado que acapara información y poder esté haciendo algo tras bastidores, algo que no podemos probar y, por tanto, en lo que no podemos confiar. Esto parece obvio hasta que vemos cómo se rompe la simulación cuando las empresas insisten en asumir un control excesivo. No puedes conectar tu propio software a Facebook ni utilizar fácilmente tu propio tóner con una impresora láser. El sistema telefónico estuvo paralizado hasta que el Gobierno de Estados Unidos exigió a AT&T que nos dejara usar faxes, módems y otras herramientas que ellos no aprobaban.

Lo mismo sucede con el funcionamiento de la cadena de suministro de infusiones en un gran consorcio hotelero. Los meseros saben qué producto se agotó, pero no tienen forma de interactuar con el sistema de reabastecimiento, así que se ven obligados a lidiar con clientes decepcionados día tras día. No se les permite mejorar las cosas, así que no lo hacen.

Más allá de las implicaciones morales de crear sistemas que funcionen con y para las personas, también hay un incentivo económico: cuando la gente confía en ti, te concede el beneficio de la duda. Eso significa que cuando algo relacionado con tu empresa es confuso, misterioso o simplemente nuevo, la gente asume que es bueno aunque no lo entienda —todavía—, en lugar de creer que es una amenaza de la que deba desconfiar.

Una cultura basada en la buena voluntad y la conexión es más sólida, más dinámica y más productiva que una basada en el misterio, el egoísmo y el poder.

No acapares. No acumules información, interoperabilidad, acceso o amor. Si quieres ser un líder necesitas que los demás confíen en ti. Una forma de hacerlo es hacer promesas abierta y sistemáticamente, y luego cumplirlas.

136. No encasillar

En los momentos liminales, cuando buscamos ir de un punto a otro, nos encontramos con lo desconocido. Mientras trabajamos para inventar un futuro deseado, es inevitable que surjan imprevistos. El futuro, por su naturaleza, no es un lugar limpio y bien iluminado hasta que llegamos a habitarlo.

Tommy Thompson, profesor de Técnica Alexander, sugiere que cuando nos encontremos con lo inesperado o lo desconocido, abracemos la tensión y evitemos colocar lo nuevo en una casilla familiar. Una vez que le pongamos nombre, sabremos exactamente cómo manejarlo.

Etiquetar una nueva situación es útil si adivinamos de qué se trata, pero si nos equivocamos, esto se convierte en un desafío, porque poner algo en la casilla incorrecta nos impide comprender su naturaleza. Y también puede aletargarnos ante el sentimiento de asombro que experimentamos en presencia de algo que no comprendemos.

Cuando la World Wide Web llegó a principios de la década de 1990, me dirigí a mi equipo y le dije: «Esto es como AOL y Prodigy, solo que más lento y no tiene modelo de negocio». La forma como la encasillé me llevó a ignorarla durante seis meses y me costó unos cuantos miles de millones de dólares.

«Aún no estoy seguro de lo que es esto. Interactuemos y veamos» abre la puerta al avance y al asombro, en lugar de presionar para que las cosas vuelvan a la normalidad.

137. Evitar falsos indicadores

Es fácil medir lo fácil. Podemos medir el tiempo por vuelta del nuevo deportivo eléctrico o el número de defectos en la cadena de producción. Podemos medir cuántos seguidores tenemos en las redes sociales o cuántos bonos obtuvimos la semana pasada.

Esta es una de las razones por las que es más fácil entrenar a alguien para las Olimpiadas que formar a una persona que se dedique a la enfermería. Si podemos medir el rendimiento con un cronómetro, no hay mucho margen para el debate. Sin embargo, estas mediciones fáciles pueden ser una suerte de muleta y podemos sacar de la conversación las cosas que realmente importan.

Mirar al pasado —lo que hicimos y cómo lo medimos— es un buen punto de partida, pero nuestro trabajo consiste en considerar el futuro, que es más confuso, turbio y mucho más mágico. Todo lo que es fácil de medir rara vez es importante, porque nuestros competidores son mejores que nosotros a la hora de maximizar las mediciones fáciles.

Y, sin embargo, solo se mide aquello que es fácilmente cuantificable: el carisma personal, las horas trabajadas, la química con el jefe y, por supuesto, los errores graves ocasionados por la falta crónica de esfuerzo adicional.

Las organizaciones de alto riesgo están desesperadas por medir la productividad de sus activos. Y si los humanos son activos caros, medirlos se convierte en una prioridad. En Bloomberg, según me han dicho, medían los golpes de tecla por minuto, el tiempo sentado frente al monitor e incluso las pausas para ir al baño. Son medidas precisas, pero no son útiles.

Si el trabajo de una empresa implica innovación, conexión o generación de cambio, solo los seres humanos podrían hacer ese trabajo. Tratarlos como un activo medible es una trampa.

La alternativa es medir la salud y el rendimiento de la propia cultura. Responsabilizar a los líderes de la afiliación, el compromiso y el rigor de enviar un trabajo que genere un impacto.

138. Establecer normas rigurosas

Una empresa relevante propicia la transformación. Siempre que algo se modifica los ánimos se tensan. La comodidad no es ni el objetivo ni la meta.

No es cómodo cruzar a nado uno de los canales de Groenlandia, no es cómodo cuidar de una colmena, y seguramente tampoco lo es alimentar y vestir a un niño pequeño. Sin embargo, los seres humanos han hecho este tipo de acciones de forma ininterrumpida, sin paga y sin jefe, porque pueden. Porque son significativas.

Enrolarse en el viaje incluye aceptar voluntariamente las normas que importan. No implica aceptar la intimidación, la falta de respeto ni la exhibición displicente del estatus, sino reconocer los principios de una organización significativa y abrazar las estructuras que permiten que el cambio se produzca.

El trabajo no tiene por qué ser auténtico o vulnerable, ni siquiera personal. Simplemente tiene que importar.

139. La escala no es lo importante

En la era industrial, la matemática de la escala es bastante convincente. Más máquinas y más ventas se traducen directamente en mayores beneficios, lo que permite comprar más máquinas y generar más ventas.

Sin embargo, si una organización relevante se basa en la comunidad y la innovación, añadir más empleados no la hace más eficaz. De hecho, podría provocar el efecto contrario. Cuando Facebook o Amazon despiden a diez mil trabajadores a la vez, está claro que un director financiero en algún lugar está tratando a las personas como un recurso, no como seres humanos.

Internet abre la puerta a la escala masiva cuando una idea se construye para difundirse. Whatsapp solo tenía diecinueve empleados cuando se vendió por más de mil millones de dólares.

El objetivo no es ser más grande, sino mejor.

140. Contratar no es ligar

Pasamos más tiempo en el trabajo que con nuestras familias. Por eso no es raro que cuando las personas tienen la oportunidad de entrevistar y contratar a compañeros de trabajo, busquen a gente que les simpatice. Eso incluye la selección de candidatos con trayectorias, e incluso apariencia, similares. Esto hace que el proceso de contratación sea ineficiente, ineficaz, lento y una barrera que dificulta la posibilidad y la movilidad. Al final, acabamos contratando a personas a quienes se les da bien ser entrevistadas en lugar de a colaboradores útiles para el equipo.

Una vez más, Internet es un agente de cambio, pues permite entrevistar a muchos más candidatos y saber cuáles han sido sus contribuciones en el pasado. A veces, un corpus de trabajo es mucho más interesante que un currículum, y una muestra de trabajo es más eficaz que una breve conversación cara a cara.

Casi todos los sistemas en los que confiamos para contratar y ser contratados se basan en un modelo de gestión parecido al que se usa en las citas románticas. Usamos falsos indicadores en nuestras búsquedas de palabras clave en los currículos, tomando erróneamente una educación en la Ivy League, por ejemplo, como una prueba útil de rendimiento laboral. De este modo, perdemos la oportunidad de comprometernos con los métodos y el viaje, y nos limitamos a utilizar el dinero o las ventajas como meros sucedáneos. Terminamos colaborando con personas que se limitan a hacer su trabajo, directivos que tratan a los empleados como si fueran recursos y mantenemos una dinámica industrial que se presta al cumplimiento y la vigilancia.

A medida que se acortan los periodos de permanencia en los puestos, la capacitación se acelera y el trabajo digital reduce la importancia del atractivo físico y del carisma. Entonces, se nos presenta la oportunidad de replantearnos el proceso de selección e incorporación en su conjunto. En lugar de contratar con base en la aplicación de entrevistas, quizá podamos pagar a la gente para que realice un proyecto con nosotros. La mejor manera de ver cómo trabaja alguien es trabajar con esa persona.

En suma, nos enfrentamos al problema mostrado en la película *Moneyball*. En su libro sobre el milagro ocurrido en el equipo de beisbol los Atléticos de Oakland, Michael Lewis describe el centenario sistema de reclutamiento utilizado en las Grandes Ligas de Beisbol. Los cazatalentos buscaban jugadores que se ajustaran a sus expectativas sobre el aspecto y el comportamiento de las estrellas deportivas. Como este perfil era escaso, los jugadores de este tipo eran caros.

El mánager de los Atléticos descubrió que una estadística pasada por alto era la única métrica que realmente predecía cierto tipo de éxito. Al obligar a sus cazatalentos —quienes mostraron resistencia— a centrarse en la búsqueda de estos jugadores, Billy Bean construyó un equipo de talla mundial con un presupuesto reducido. No obstante, incluso después de su éxito, los reclutadores de otros equipos persistieron en contratar a la antigua usanza.

Si contratamos engranajes que cumplan ciertos atributos tradicionales, vamos a sacrificar la diversidad, la pasión y el trabajo en equipo. Perpetuaremos los estereotipos raciales, limitaremos la movilidad y también perjudicaremos nuestro trabajo.

Los jefes mienten durante el proceso de contratación. Los empleados se vengan mintiendo en sus respuestas. Los jefes fingen que tienen un excelente ambiente laboral que valora la individualidad mientras seleccionan a personas que ponen de manifiesto que ese no es su objetivo. Y los empleados se tragan su orgullo cuando necesitan un trabajo, porque para eso los han entrenado.

Una forma de cambiar esta situación es crear un conjunto de compromisos mutuos y aplicar pruebas de trabajo pagadas para ver lo que realmente se brinda de manera recíproca. El paso clave es encontrar un camino hacia la confianza mutua. Seamos realistas o no juguemos.

141. Encontrar usos positivos de la tensión

Cuando están a punto de abrir el sobre, el auditorio se queda en silencio. Todos quieren saber quién es el ganador. La tensión nos focaliza y esperamos ansiosos el resultado.

Si tienes la suerte de visitar el Museo del Clima de Nueva York, te percatarás de que la última actividad consiste en enviar una postal a un congresista. Enfrentarse al clima cambiante de Manhattan genera tensión: una especie de asombro negativo ante lo que está ocurriendo, unido a un sentimiento de temor. Casi todas las discusiones honestas sobre el clima abordan este tipo de impotencia.

«¿Qué hacemos ahora?». Nos planteamos esta pregunta siempre que nos enfrentamos a una posibilidad, ya sea positiva o negativa. «Por favor, relaja la tensión para que podamos volver a lo que estábamos haciendo». Lo que estábamos haciendo era holgazanear, pasar el rato. Dejarlo correr, hacer nuestro trabajo y perder otro día. La tensión cambia eso. La relevancia crea el cambio, y el cambio no es sino una danza con la tensión.

Aliviar la tensión demasiado pronto, ofreciendo a alguien una postal para enviar por correo después de una inquietante visita al museo, contando el remate del chiste demasiado pronto o resolviendo el misterio… es un desperdicio.

La tensión es buena. La tensión puede ser la clave. No puedes caminar sobre una cuerda a menos que esté tensa. Lo mejor de los chistes «Toc, toc», es la pausa que tiene lugar después de que alguien dice «¿Quién es?».

Y entonces empezamos

Las abejas no esperan.

No esperan órdenes, no esperan ser perfectas y no esperan hasta más tarde.

Nosotros tampoco tenemos que esperar. El hoy no se puede dejar pasar, la urgencia del ahora nos da la oportunidad de mejorar.

La relevancia es un generoso proceso gradual que nos acerca a lo posible. Es el cambio útil más pequeño producido para la audiencia viable más pequeña.

Una y otra vez, con humanidad.

El palo de escoba

Te ofrezco el regalo
de estas tres palabras:
creo en ti.

BLAISE PASCAL

142. Gestión vs. liderazgo

Los directivos tratan de evitar los defectos. Trabajan para mejorar la productividad. Miden con base en estándares, por lo que hacen su mejor trabajo cuando averiguan cómo deshacerse de los trabajadores mediocres y eliminar los obstáculos que ralentizan la producción. Promedio, a escala. Los líderes, en cambio, buscan algo mejor. Algo que antes no estaba definido, construido o explotado. Buscan a Mozart, no a Muzak.

En un momento dado, la cultura en la que vivimos puede exigir ambas cosas. Pero a menos que nos demos cuenta de la diferencia, es bastante probable que simplemente volvamos a la narrativa dominante y conveniente de la gestión. La brutalidad del industrialismo ejerce sobre nosotros una atracción extraña. Crea riqueza y aplaude la ingeniería, la consistencia y la satisfacción de las necesidades y los deseos de los consumidores.

El industrialismo puede cumplir sus objetivos directos y fáciles de medir, pero tiene problemas a la hora de crear belleza. Esta a menudo reside en el misterio de la conexión y la creación humanas. La belleza podría ser la clave.

Podemos abrazar el industrialismo por lo que puede darnos, pero no podemos aceptar que es el propósito de nuestra vida. Cuando utilizamos los recursos que nos ofrece para crear las condiciones adecuadas para el crecimiento, la conexión y la humanidad, es posible que surja la magia.

La magia de la humanidad.

143. Quizá la clave esté en el camino amarillo

Dorothy siempre tuvo las zapatillas. El espantapájaros, el hombre de hojalata y el león cobarde ya poseían lo que necesitaban para encontrar la felicidad. Y el mago no necesitaba una escoba. Entonces, ¿por qué molestarse en emprender este peligroso viaje?

La búsqueda de la escoba era un MacGuffin, por supuesto, una pieza central, pero irrelevante que hacía avanzar la historia. Aunque ilógica, *El mago de Oz*, ochenta años después, sigue siendo una de las películas más recordadas y queridas de la historia. Los beneficios empresariales no son el centro del viaje de Dorothy en *El Mago de Oz*. Tampoco el beneficio egoísta.

La película nos conmueve porque trata de la conexión y la posibilidad. Capta nuestro deseo de formar parte de algo más grande que nosotros mismos, de ayudar a los demás cuando, tal vez, no nos acarree grandes beneficios.

144. La maravilla del enjambre

Es posible que un día estés en el lugar adecuado en el momento adecuado. En un campo, a finales de la primavera, rodeado por el canto del crecimiento. Jacqueline Freeman describe la magia de quedarse embelesado por el caos de diez mil abejas que se desplazan de un hogar en busca de otro. Organizadas sin un líder, pululando en direcciones aparentemente aleatorias, volando cada vez más rápido, pero sin chocar jamás unas con otras, las abejas se aventuran a lo desconocido con determinación y enfoque.

Nunca entenderemos del todo lo que es ser una abeja con pocas semanas de vida que forma parte de una colonia que sigue su destino hacia la posibilidad. Sin embargo, cada uno de nosotros comprende la lección que las abejas ofrecen a los humanos.

Nuestro papel no es simplemente el de encajar, imitar o cumplir. Nuestro trabajo no consiste en seguir órdenes precisas. El zumbido y el movimiento coordinado de la colmena son un mensaje para cada uno de nosotros, una historia vívida sobre cómo despertar de un letargo inducido por la cultura y comenzar a dedicarnos a lo que de verdad importa. No solo para recuperar la capacidad de agencia inherente a nuestra humanidad, sino para abrir la puerta a que otros también la recuperen.

Gracias por crear oportunidades para contribuir, crecer y conectar. Sigue liderando. Es importante.

**Lo importante no es lo que llevamos con nosotros…
es lo que dejamos para los demás.**

Agradecimientos

«Gracias» y «Lo siento». En nuestra cultura, estas palabras significan muchas cosas. Podemos dar las gracias a personas que ni siquiera son conscientes de la deuda que contrajimos con ellas ni de la ayuda que nos brindaron. Simplemente abrieron una puerta, encendieron una luz o aparecieron sin requerimiento. Y podemos decir que lo sentimos, aunque no hayamos causado directamente ningún daño. Porque ayuda ver y ser visto. Reconocer.

Gracias a los líderes, escritores y colaboradores que me han precedido, que han sentado las bases que nos permiten a cada uno de nosotros producir algo de valor. Gracias a las personas que se desvivieron por concederme el beneficio de la duda y que fueron pacientes con mis errores, a menudo —aunque, por desgracia, no siempre— bienintencionados.

Y lo siento por las innumerables víctimas de la discriminación por motivos de raza, sexo, ascendencia o posición social. Personas que merecían algo mejor. Personas a las que les han robado sus tierras, perturbado la vida y menospreciado su trabajo. Lo siento por las personas que no han recibido las oportunidades que merecen, y por aquellas a quienes se les lavó el cerebro y se les adoctrinó haciéndolas creer que tenían poco que ofrecer.

No hay una manera fácil de enderezar las cosas, pero podemos empezar por verlo y decantarnos por hacerlas mejor.

Actualmente, vivimos en un mundo de ocho mil millones de personas, y cada una de ellas —o al menos cada una de las que yo conozco— ha hecho algo original, creativo, importante y generoso. Al menos una vez, y a menudo más de una. Esa fuente distribuida y descentralizada de posibilidades es una forma de avanzar para todos nosotros.

Chip Richards me introdujo en el canto del crecimiento y eso me llevó a Jacqueline Freeman y su extraordinario

libro. Anne Marie Cruz, Louise Karch, Eva Forde y el TCN me ayudaron a desarrollar mi pensamiento de la página 19. Thomas Seeley explica, mejor que nadie en el mundo, todo sobre las abejas. Dan Fitzgerald y Alex Carr me animaron a emprender este viaje, y la memoria de Frankie está en el corazón del mismo. Ella iluminó a tanta gente. Gracias, Frankie, te extrañamos. ♥

He aprendido innumerables lecciones sobre los viajes de liderazgo de Mo, Alex y Helene.

Gracias a Bernadette Jiwa y a Brian y Amy Koppelman, que saben ver y no escatiman en dar apoyo. Y a Steve Pressfield, Margo Aaron, Lori Sullivan, Kristin Hatcher, Ramon Ray, Neil Pasricha, Barrett Brooks, Avaleen Morris, Kevin Kelly, Nazanin Ash, William Rosenzweig, Tobi Lütke, Fiona McKean, Danielle Butin, Hble. Neil Ross, Harley Finkelstein, Lindsey Taub, Carla Vernon, Rich Roll, Carey Nieuwhof, Maurice Mitchell, Shoshana Zuboff, Tim Ferriss, Abby Falik, Michael Lopp, Debbie Millman, Cory Doctorow, Krista Tippett, Jacqueline Novogratz, Ben Zander, Jodi y Fred, Mahan Khalsa, Marie Forleo y Matt Mullenweg, por sus excelentes ideas y contribuciones. Gracias a Michelle Kydd Lee por sus agallas, su compasión y codirección, y a Gina Murphy-Darling, Rebecca Schwartz, Ryan Schleicher, Aaron Schleicher, Lisa Gansky (siempre), Stuart Krichevsky, Rose Marcario, Zohara Rothenberg, John Acker, Pam Dorman, Carrie Ellen Phillips, Rodger Beyer, Jonathan y Audrey (Sackner) Bernstein, Drew Dusabout, Adrian Zackheim y Jodi Sagorin Spangler.

Conocí a Ray Anderson gracias a la magnífica película de Nathan Havey, *Beyond Zero*. Y gracias a Michel Porro, Jennifer Meyers Chua, Tania Marien, Anna Cosentino, Tonya Downing, Manon Doran, Paige NeJame, Linda Westenberg, Fannie Theofanidou, Richie Biluan, Jasper

Croone, Paul McGowan, Steve Wexler, Andrea Morris, Felice Della Gatta, Vivek Srinivasan, Anna Kohler Smith y otras mil novecientas almas generosas que ayudaron a lanzar y amplificar el almanaque. Gracias a Sam Miller, Marie Schacht, Willie Jackson, Mel Butcher, Wes Kao, Alex Peck, Grayden Shand, Ishita Gupta, Frasier Larock, Carla Lisio, Alan Kuras, Anne Shepherd, Alex DiPalma, Kenya Denise, Dona Abramson, Jeff Kempler, Al Pittampalli, Kelli Wood y tantos otros que me han acompañado en el viaje. Gracias a Tom Peters, Liz Gilbert y la dosa, y a Justin Brice, por iluminarnos antes de que sea demasiado tarde. Gracias a Pema Chödron, Roz Zander, Simon Sinek, David Curhan, Apollonia Poilane, Liz Jackson, Christina Tosi, Rohan Rajiv, Elly Markson, Ann Marie Scichili, Will Guidara y Stanley Tucci, que no está enfadado conmigo. Gracias a Zig Ziglar por muchas cosas, y por la historia de los pájaros en formación. A Joanne, Leon, Mara y Max, gracias por vivirlo. Y gracias a Niki. Por supuesto.

He aprendido más de los cuarenta mil graduados de Akimbo—y de sus compañeros de Altmba—que ellos de mí. Y de los *coaches* y líderes que se unieron a mí en el esfuerzo mundial por ayudar a la gente a subir de nivel; todos ellos contribuyen a un sistema de posibilidades y conexiones.

Gracias a las personas generosas que leen mi blog, que comparten conmigo cada día sus experiencias y preguntas. Gran parte del trabajo de este libro se pergeñó en mis escritos en línea, y no podría haberlo hecho sin ustedes.

Dedicado a Sarah Cassidy.

«No soy un número».
JOHN DRAKE

Apéndice

Una enciclopedia de habilidades reales

El hecho de que no exista una taxonomía aceptada de las competencias reales demuestra el escaso esfuerzo que las organizaciones, tanto grandes como pequeñas, han dedicado a encontrar, mejorar y desarrollar competencias reales entre sus equipos.

En este primer borrador hemos elegido cinco grandes categorías y hemos dado ejemplos de cada una. No se trata de una taxonomía definitiva, sino de un comienzo, una forma de hacer avanzar la conversación y la inversión. Las cinco categorías podrían incluir:

Autocontrol. Una vez que has decidido que es importante hacer algo, ¿eres capaz de persistir sin dejar que las distracciones o los malos hábitos se interpongan en tu camino? *Emprender acciones que repercutirán a largo plazo, aunque de momento no desees hacerlas.*

Productividad. ¿Qué tanto dominas tu talento? ¿Eres capaz de utilizar tus ideas y tu compromiso para hacer avanzar las cosas? *Realizar tareas no profesionales.*

Sabiduría. ¿Has aprendido cosas difíciles de entender de un libro de texto o un manual? *Madurar a partir de la experiencia.*

Percepción. ¿Tienes la experiencia y la práctica necesarias para ver el mundo con claridad? *Ver las cosas antes de que otros tengan que señalártelas.*

Influencia. ¿Has desarrollado las habilidades que te permitan convencer a los demás para que actúen? *Entender que el carisma es solo una forma de esta habilidad.*

Autocontrol

Adaptabilidad a las necesidades cambiantes
Agilidad ante obstáculos inesperados
Amabilidad
Asunción de riesgos
Autenticidad y coherencia
Autoconfianza
Autoconocimiento
Capacidad de entrenar y deseo de entrenar a otros
Compasión por los necesitados
Competitividad
Comportamiento ético incluso cuando nadie ve
Conciencia de cumplir las promesas
Disposición para avanzar y aprender de la crítica
Educación
Entusiasmo por el trabajo
Espíritu de juego
Flexibilidad
Gestión de las conversaciones difíciles
Gestión del estrés
Honestidad
Ingenio
Inteligencia emocional
Mentalidad de colaboración
Motivación para asumir nuevos retos
Pasión
Pensamiento estratégico que prima sobre el de corto plazo
Presteza y capacidad de arrancar y detenerse rápidamente
Propósito
Resiliencia
Resistencia a largo plazo
Tolerancia al cambio y la incertidumbre
Vida en equilibrio

Productividad

Atención al detalle
Capacidad de escucha
Capacidad de fijar objetivos
Capacidad de gestión de crisis
Capacidad de investigación
Conocimiento de técnicas Lean
Conocimientos tecnológicos
Detección de problemas
Diligencia y atención al detalle
Facilidad para debatir
Gestión
Gestión del tiempo
Habilidad para decidir con eficacia
Higiene en las reuniones
Mentalidad y valentía empresariales
Pensamiento lateral
Planificación de proyectos
Posesión de técnicas innovadoras de resolución
de problemas
Resolución de problemas
Sabiduría para delegar en pro de la productividad

Sabiduría

Competencia intercultural
Creatividad ante los retos
Diplomacia en situaciones difíciles
Empatía con los clientes, compañeros de trabajo
y proveedores
Habilidades sociales
Instinto de resolución de conflictos
Mentoring o tutoría
Pensamiento crítico en lugar de mero cumplimiento
Saber supervisar con confianza
Sentido artístico y buen gusto
Tratar con personas difíciles

Percepción

Elaboración de mapas
Instinto de moda
Pensamiento de diseño
Pensamiento estratégico
Saber juzgar a las personas y las situaciones

Influencia

Asertividad en nombre de las ideas que importan
Capacidad de convencimiento
Capacidad de negociación
Capacidad de resolución de litigios
Capacidad para formular críticas claras y útiles
Carisma y habilidad para influir en los demás
Claridad en el lenguaje y la visión
Creación de equipos
Escribir para causar impacto
Gestión del talento
Habilidades de venta
Habilidades expositivas
Habilidades interpersonales
Hablar en público
Inspirar a los demás
Lenguaje corporal (lectura y entrega)
Liderazgo
Reformular
Saber construir una red de contactos
Saber retroalimentar sin ego
Storytelling

¿Es posible enseñar estas habilidades reales? ¿Es posible centrarse en ellas, contratar con base en ellas y recompensar el crecimiento? ¿Podemos poner en marcha programas e ideas que nos lleven a progresar en todas estas áreas?

Si lo hiciéramos, ¿importaría? ¿Sería más productiva, más rentable y un mejor lugar de trabajo una organización que destacara en estas habilidades reales?

¿Qué estamos esperando?

Cuando el enjambre se dirige a su nuevo hogar, se mueve rápida y directamente. Decenas de miles de abejas vuelan al unísono hacia un lugar en donde nunca han estado.

Pero mirando más de cerca, podemos ver lo que parece un caos. Ninguna abeja permanece al frente: las más rápidas vuelan de un lado a otro, guiando a las demás mientras protegen la colonia y a la reina en su centro.

No hay colisiones ni se forman callejones sin salida. Las abejas son coherentes, directas y eficaces en su trabajo, se organizan sin organizador. Cada abeja contribuye cantando la canción que está llamada a cantar: aquella que necesita entonarse.

Liderar juntos.